ENGLISH LINGUISTICS

영어학의 이해

정 승 영 지음

영어학의 이해

지은이 정승영
펴낸이 박재규
펴낸곳 경남대학교 출판부

초판 인쇄 2008년 6월 25일
초판 2쇄 발행 20108년 9월 10일

주소 경남 마산시 월영동 449
전화 055) 243-2330 · 249-2074
팩스 055) 249-2073
전자우편 ko10@kyungnam.ac.kr

ISBN 978 89-8421-279-4 93840

값 9,800원

영어학의 이해

정승영 지음

본 저서는 2008년도 경남대학교 학술연구장려금 지원에 의하여 이루어졌음.

서문

영어학은 영어를 전공하는 학도들이나 영어를 가르치는 교사들에게 있어서는 기본적으로 공부해야 할 과목에 해당된다. 영어학이란 학문은 종래에서는 영어의 역사적 발달 측면만을 중심으로 하여 어휘의 형성, 의미변화, 발음 및 철자의 변천 등을 다루어 온 것이 사실이다. 그러나 근자에 와서는 영어의 전 분야 즉 음운론, 어형론, 통사론, 의미론, 담화론, 영어발달사 등 을 포괄적으로 다루어 오고 있는 실정이다.

이러한 경향에 따라 본서에서는 영어학의 다양한 영역을 골고루 취급하였으며, 특별히 영어 교사가 되기 위해 임용고사를 준비하는 분들에게는 영어학의 가장 기본이 되고 자주 출제되어 온 주제에 주안점을 두고 이해하기 쉽도록 내용을 체계적이고 심도 있게 다루었다.

따라서 내용이 너무 어렵거나 보편성이나 활용성이 없는 내용이나 자료는 본서에서 제외토록 하였다. 아무쪼록 영어를 공부하는 분들에게는 본서가 영어학에 대한 기본 개념과 전반적 이해를 돕는 지침서가 되기를 바라는 마음이다. 본서의 출간을 위해 애써 주신 경남대 출판부 직원 여러분의 노고에 감사를 드린다.

2008년 6월 7일

정 승 영

차례

제6장 담화 문법

제7장 의미론

제1장

영어학의 개념과 기초

언어란 무엇인가? | 인간 언어의 특성 | 언어의 보편성
언어의 기원 | 언어학과 영어학의 관계 | 구어와 문어
영문법관의 변천

제1장

영어학의 개념과 기초

언어란 무엇인가? | 인간 언어의 특성 | 언어의 보편성 | 언어의 기원
언어학과 영어학의 관계 | 구어와 문어 | 영문법관의 변천

1. 언어란 무엇인가?

인간이 함께 모여서 무슨 활동을 하든지 간에 거기에 참여한 자는 말을 하게 된다. 친구를 사귀든지 싸움을 하든지 공장에서 물건을 생산하든지 사랑을 속삭이든지 간에 우리는 서로 상대방에게 말을 건네며 지낸다. 우리는 버스 기사나 친구들에게나 부모에게나 아내에게도 말을 건네기도 하지만, 완전히 낯선 사람에게도 말을 걸기도 하며 얼굴을 대면해서 얘기도 하나, 전화를 통해서도 말을 건네기도 한다. TV를 보거나 라디오를 듣게 되면 더욱 말의 홍수로 넘치는 것을 알 수 있다. 우리가 살아가는 것을 말의 세계 속에 살아가며, 그 결과로 의식이 깨어있는 한 순간도 말의 세계로부터 벗어날 수 없다. 심지어는 꿈속의 세계에서도 말을 건네며 듣기도 한다.

인간이 다른 동물과 뚜렷하게 구분되는 특징 중의 하나는 언어를 소유하고 그것을 사용하는 것이라 할 수 있다. 인간을 인간답게 해 주는 것은 언어이기에 인간성을 깊이 이해하기 위해서는 언어를 이해해야만 한다. 아프리카 어떤 종족에게 있어서는 신생아를 kuntu라고 부르는데 이는 "thing"이라는 의미이며, 말을 하게 될 때 muntu라고 해서 비로소 "person" 즉 사람이라고 부른다. 이는 언어를 배우게 되는 것을 통해 어린이가 진정한 사람이 된다는 것이다.

이렇게 볼 때 언어는 인간의 가장 귀중한 자산 중의 하나임에 틀림없다.

2. 인간 언어의 특성

인간과 다른 동물의 언어의 차이는 무엇인가? 그것은 단지 신호의 수의 차이 즉 양적 차이만이 아니라 근본적으로 질적 차이에 속한다. 구조 언어학자인 Hockett교수에 의하면 인간언어에 다음과 같은 구성 자질(design features of language)을 갖고 있다.

1) 창의성(creativity)

동물의 통신 체계는 폐쇄적이어서 선천적으로 제한된 신호를 사용함으로 그 한계를 벗어나지 못하지만, 인간은 누구나 정상적으로 태어난 사람이라면 항상 새로운 문장을 창조해 낼 수 있다. 조금 전에 말한 문장에 수정 부가하여 새로운 문장을 만들어 낼 수도 있고 새로운 낱말을 만들어 낼 수 있어 신어(新語)들이 어휘에 보태어지고 있다. 이것은 다시 말해 인간언어가 끝없이 개방된 생산성(open-ended creativity)을 가지고 있다고 요약될 수 있다.

따라서 인간이 사용할 수 있는 가능한 문장의 수는 무한하다고 볼 수 있으며 이 무한한 문장을 모두 암기해서 뇌에 저장할 수는 없다. 어떤 언어의 사전도 가능한 모든 문장의 수를 다 수록할 수는 없다. 다만 인간은 자신들이 말할 때마다 새로운 문장을 매번 창조해 낼 수 있으며 다른 사람이 사용한 문장도 이해할 수 있는 것이다. 이러한 인간언어의 창조성 때문에 인간이 어떤 언어에서 보다 긴 문장을 만들어 낼 수 있는 길이에도 제한은 있을 수 없다. 소위 접속구조에 의해 끝없이 이론적으로 확장되어 질 수 있는 것이다. 다시 말해 문장의 수나 길이에 한계를 둘 수가 없는 것이다.

2) 이원성(duality)

인간 언어는 소리체계와 의미의 체계가 뚜렷이 분리・독립되어 있지만 동물의 신호체계는 소리와 의미가 한 덩어리가 되어 구분할 수 없다. 동물의 신호에서 "위험하다", "배고프다"라는 정보를 알리는 소리와 그 소리에 담긴 의미는 하나인 것이다. 그러나 인간의 언어에 있어서는 소리 체계와 의미 체계가 분리 존재함으로 비슷한 소리라도 전혀 다른 의미를 나타낼 수도 있고 다른 소리가 같은 의미를 나타낼 수 있다. 영어에서 rug는 양탄자, 깔개를 뜻하고 drug는 의약품을 의미하지만, 이 같은 소리의 유사성에도 불구하고 drug의 rug는 양탄자와 아무런 관련성이 없다. 역으로 국어에서 "힘줄"과 "인대", "머리뼈"와 "대갈통"은 서로 다른 소리지만 뜻은 같은데 이는 소리체계와 의미체계가 분리되어 있어 가능한 것이다.

3) 자의성(arbitrariness)

자의성은 말소리와 그 소리가 상징하는 개념(concept)사이의 관계가 필연적이 아니라는 의미이다. 인간이 사용하는 낱말의 대부분이 이러한 임의적 관계에 놓여 있다. (집)이라는 개념을 언어의 문자나 소리의 형태로 나타낼 때 영어에서는 house/haus/로 나타내고 국어에서는 집, 불어에서는 maison, 스페인어에선 casa, 러시아어에선 dom이라고 부르는지에 관하여는 어떤 필연적인 이유가 없는 것이다. 또한 국어에 말(馬)에 해당하는 단어가 영어에선 horse, 독일어에선 pferd, 불어에선 cheval(셔발), 라틴어에선 equus(에쿠스)라고 하는 것도 마찬가지이다. 단 자의성에 예외적인 현상으로는 의성어(onomatopoeia)를 들 수 있다.(예: cuckoo, ping pong, bow-wow 등)

의성어와 비슷한 예로 음의 상징성(sound symbolism)을 들 수 있는데 이 역시 자의성의 예외적 현상이라 볼 수 있다. 이를 테면 sn-로 시작되는 영어 단어를 보면 모두 코(nose)와 관련된 의미를 갖고 있으며 gl-로 시작되는 단어는 빛(light)과 연관된 경우가 많다.

snarl, sneer, sneeze, sniff, snore, snort, snout, snuffle
glare, gleam, glitter, gloss, glister, glimmer, glint glisten,
glimpse, glint, glance

4) 전위성(displacement)

동물의 언어(신호체계)는 항상 현재라는 시간과 현장이라는 공간에 관련된 것을 전달하는데 국한되어 있지만, 인간의 언어는 "현재"와 "현장"을 떠나 시간적으로 미래, 과거에 일어났던 일도 나눌 수 있으며 공간적으로 현장을 떠나 가까운 곳이나 먼 곳에서 일어났던 일도 언급하거나 서술 할 수 있다. 동물로서 개는 3년 전의 자기 부모는 가난했지만 정직했다고 짖어서 말할 수 없다. 그리고 3년 뒤에는 자기가 누구의 집을 지켜줄지 짖어서 표현할 수도 없다. 이 같은 인간언어의 전위성은 인간 자체가 다른 동물과 확연히 구분되는 만물의 영장 즉 우주에서 유일하게 하나님의 형상(image)을 닮은 존재라는 걸 증명해 주는 예라고 하겠다.

5) 교환성(interchangeability)

교환성은 화자(speaker)가 수시로 청자가 될 수 있고, 청자(hearer)가 수시로 화자의 입장에 바꿔 설 수 있음을 뜻한다. 즉 통신자가 message 전달의 송신자도 될 수 있고 수신자도 될 수 있다는 말이다. 그러나 동물의 세계에서는 송신자와 수신자가 분리되어 있는 경우가 많다. 이를테면, 닭은 수탉만이 울 수 있으며 공작새도 수컷만이 꼬리 날개를 펴서 암컷에게 교신 할 수 있다. 즉 대부분의 짐승이나 새의 경우, 수컷과 암컷의 통신이 서로 구분되어 그 기능은 교환할 수 없는 것이다.

6) 문화적 전수성(cultural transmission)

어린 아이가 중국말을 하는 것은 그 부모로부터 유전적으로 물려받은 것이 아니라, 중국어의 문화권 내에서 그 언어에 노출(exposure)되었기 때문에 중국어를 습득하게 된 것이다. 한국에서 태어난 아이라 하더라도 태어난 지 곧 바로 미국으로 이민가게 되면 영어를 배우게 마련이다. 즉 어떤 언어를 습득하게 되느냐 하는 것은 문화권내에서 문화적으로 전수된 것이지 어떤 언어를 부모에게서 유전적으로 물려받은 것이 결코 아니다.

3. 언어의 보편성(Language Universals)

모든 인간언어에 존재하는 법칙, 즉 언어의 보편적 속성을 기술하는 것이 소위 보편문법이다. 오늘날 변형 생성 문법가를 비롯해서 대부분의 언어학자들은 한 언어에 국한된 개별문법보다도 언어의 구조와 속성에 관한 일반적 언어이론에 관심을 많이 쏟고 있다. 그것은 모든 언어문법에 공통적인 보편소가 발견되기 때문이다. 다음의 Fromkin & Rodman(1983)이 언급한 언어의 보편적 특징의 목록은 완전한 것은 못되지만 인간 언어의 보편적 사실에 기본적 시각을 제공해 주고 있다고 하겠다.

❶ Wherever humans exist, language exists.

❷ There are no primitive languages – all languages are equally complex and equally capable of expressing any idea in the universe.

❸ All languages change through time.

❹ The relationships between the sounds and meanings of spoken languages are for the most part arbitrary.

❺ All human languages utilize a finite set of discrete sounds that are combined to form meaningful elements or words, which themselves form an infinite set of possible sentences.

❻ All grammars contain rules for the formation of words and sentences of a similar kind.

❼ Every spoken language includes discrete sound segments like *p, n, a*, which can all be defined by a finite set of features. Every spoken language has a class of vowels and a class of consonants.

❽ Similar grammatical categories(for example, noun, verb) are found.

❾ There are semantic universals, such as "male" or "female", "animate" or "human", found in every language in the world.

❿ Every language has a way of referring to past time the ability to negate, the ability to form questions, issue commands, and so on.

⓫ Speakers of all languages are capable of producing and comprehending an infinite set of sentences.

⓬ Any normal child, born anywhere in the world, of any racial, social, or economic heritage, is capable of learning any language to which he or she is exposed. The differences we find among languages cannot be due to biological reasons.

4. 언어의 기원

모든 인간은 최소한 하나 이상의 언어를 가지고 있다. 아이들은 나면서부터 생득적으로 언어 습득 능력을 갖고 태어나지만 인간에 가장 가깝다고 하는 동물을 어릴 적부터 양육 훈련시킨다 할지라도 언어를 습득하며 의사소통에 사용할 수 없다. 즉 자연 언어의 보편성은 오직 인간만의 전유물인 것이다.

개나 고양이의 울음소리는 예나 지금이나 변함이 없는 그대로이지만, 인간의 언어만은 음성기호(vocal symbol)를 사용하여 보다 더 복잡한 체계로 발전시켜 온 것이 사실이다. 오늘날 언어의 수는 대략 5000개 이상으로 추정한다. 그런데 도대체 이런 언어가 최초에 어떻게 생겨나게 되었을까? 이 질문에 대하여 여러 개의 학설이 있지만 어느 것 하나 확실하게 검증된 것이 없다. 언어의 기원을 명확히 규명하는 것은 불가능한 일이지만 지금까지의 주장된 설을 들면 다음과 같다.(Jespersen 1950년 참조)

1) 멍멍설(Bow-wow Theory)

인류 최초의 언어는 마치 어린 아이가 개를 멍멍이라 부르고 소를 음매라고 부르는 것처럼 동물의 울음소리나 자연음을 흉내 내는 의성음에서 시작되었다는 설이다. 우리가 사용하는 언어에는 의성어가 많이 있다. 꾀꼬리, 개구리, 뻐꾸기는 모두 의성어에 해당된다. 그러나 의성음도 언어마다 제각기 다르다. 루소의 "자연 울음소리"설이 여기에 해당된다.

2) 딩동설(Ding-dong Theory)

종을 치면 "땡"하는 소리가 나게 된다. 이같이 사물의 고유한 소리를 인간이 뇌에서 지각된 대로 표현하려는 데서 언어가 시작되었다고 하는 학설이다. 일명 울림설이라고도 한다. 그러면 땅은 땅을 치면 "땅" 하는 소리가 나서 국어에서 땅이라고 하는가? 결코 그렇지 않다. 이런 점에서 이 학설도 문제점을 지닌다.

3) 쯧쯧설(Pooh-pooh Theory)

이 설은 인간이 "쯧쯧"(혀를 찰 때 나는 소리) 등과 같이 감정을 표현하는 정서적 소리에서 언어가 시작되었다고 하는 설로 경멸적으로 붙여진 이름이다.

4) 어기영차설(Ye-he-ho Theory)

일명 끙끙설(Grunt Theory)이라고도 하며 인간이 중노동에 참여할 때 자동적으로 힘이 들어서 끙끙대는 소리를 내게 되는데, 여기서 언어가 비롯되었다는 학설이다.

5) 신수설(The Divine Theory)

이 설은 성서에서 유래한 것으로 창세기 11장에 Babel탑 사건에서 그 기원을 찾아볼 수 있다. 원래 최초의 인간에게 하나님이 부여하신 것이며 온 땅에 언어가 하나이었으나, 바벨탑 사건으로 언어가 갈라져 혼잡하게 되었고 바벨탑 축조는 언어 소통의 불가로 실패로 돌아가게 되었고 여러 가지 언어로 나누어지게 되었다는 얘기이다.

5. 언어학과 영어학의 관계

언어학은 이 세상에 존재하는 자연언어(natural language)의 공통적이고 보편적인 특성과 규칙체계를 과학적으로 연구하는 학분 분야이며, 영어학은 영어라고 하는 한 특정한 언어에 대한 것을 연구하는 개별언어 중심의 연구이다. 따라서 언어학의 주제가 인간의 자연언어임에 반하여 영어학의 주제는 영어라는 특정언어에 해당된다. 따라서 언어학은 학문의 성격상, 보다 일반적이고 보편적 특성을 추구하게 되고 영어학은 영어라는 개별언어의 특수한 성격을 추구하게 된다. 결국 영어학은 언어학이라고 하는 폭넓은 범위에 포함된 특수 언어학이라고도 말할 수 있다. 그러기에 언어학에서 음운론, 형태론, 통사론, 의미론, 화용론 등이 있듯이 영어학 내에서도 동일한 분야로 연구가 이루어지고 있다고 하겠다.

소위 영어학 분야에서 영어자체의 규칙체계를 다루는 분야가 영문법이라고 하는데, 따라서 언어학과 영어학의 차이는 일명 달리 언어학과 영문법의 차이라고 해도 무방할 것이다. 언어학과 문법의 차이를 구체적으로 기술하면 다음과 같다.

언어학과 문법의 차이점

❶ 언어학은 자연언어의 전반적인 면(속성, 의미, 문법이나 통사, 발음 등)의 보편적 특성(universal characteristics)이나 일반적 원리(general principle)를 다루게 되나, 문법은 개별언어의 규칙을 다루게 됨으로 한국어 문법, 영문법, 일본어 문법 등으로 부르게 된다.

❷ 언어학은 주로 구어를 주 대상으로 삼으나, 문법은 문어(written language)를 주대상으로 삼는다.

❸ 언어학은 현재 사용되고 있는 언어에 초점을 두고 있으나, 문법은 과거에서 현재에 이르는 비교적 일정한 기간의 고정된 특성을 다룬다.

❹ 언어학은 언어의 용법에서 표준 이하의 용례(substandard usage) 이를테면 지역적, 사회적 방언 등까지 포함하나, 문법은 표준 용례(standard usage)만을 다룬다.

❺ 언어학은 공시적 접근법에 중점을 두고 있으나, 문법은 공시적 및 통시적 접근법을 모두 취한다.

❻ 언어학은 문법에 비해 보다 광범위한 영역을 포함한다.

6. 구어(Spoken Language)와 문어(Written Language)

언어는 구어와 문어로 크게 대별된다. 구어는 소리로 전달되는 1차적인 언어이고, 문어는 기록된 문자로 인쇄된 2차적 재생 표현에 해당된다. 이 양자는 특성상 서로 많은 대조점을 보이고 있는데 그 차이점을 구체적으로 비교하면 아래 도표와 같다.

Written Language vs Spoken Language

구 분	Written Language	Spoken Language
1. 보존성	비교적 영구적	일시적(순간적)
2. 전달매체	문자	소리
3. 감정표현	간접적, 불완전	직접적, 완전함
4. 환경적(공간적 제약)	제약이 적음	공간적 제약(소음, 거리)
5. 언어습득	늦음(인위적 학습)	빠름(노출, 자연스런 습득)
6. 보편성	문화적 종족만 소유	모든 종족이 소유
7. 의사전달	늦은 편(재생)	빠른 편
8. 언어 구분	2차적 언어	1차적 언어

7. 영문법관의 변천

1) 전통 문법(Traditional Grammar)

전통문법의 뿌리는 희랍시대로 거슬러 올라가는 데 문법을 최초로 본격적으로 다룬 학자는 Dionysius Thrax이다. 그는 그리이스어 낱말을 명사, 동사, 분사, 관사, 대명사, 전치사, 부사, 접속사의 8품사를 구분하였다. 그리고 명사의 성, 수, 격의 속성을 언급하였다.

영어 문법의 전통을 본격적으로 세운 학자는 Robert Lowth의 *Short Introduction to English*(1762)와 Lindley Murray의 *Grammar of the English Language*(1795)인데 이들은 라틴어 문법을 응용하여 영문법을 썼는데 이 문법은 소위 규범문법(prescriptive grammar)이다.

Lowth, Murray 등을 위시하여 오늘날에 이르고 있는 전통문법 체계는 다음과 같은 약점을 가지고 있다고 볼 수 있다.

첫째, Latin어와 영어는 언어 구조체계가 서로 상이한데 그것을 영어에 적용하려는 시도는 무리이다. Latin어는 굴절이 심한 반면, 현대영어는 어순이 고정되어 의미 표현에 중요한 역할을 하고 있기 때문이다.

둘째, 언어의 변화를 수용하지 않고 변화는 곧 언어타락(corruption)이라는 잘못관념을 가진다.

셋째, 품사구분에 일관성이 없으며 의미와 가능 두 가지 면을 구분하지 않고 있다.

넷째, 실제 상황에서 사용하는 구어는 무시하고 문어에 기준을 두어 문법규칙을 설정했다. 그래서 "It's me."라든가 "Who do you speak to?" 등의 표현은 틀렸다고 보고 "It's I." 또는 "Whom do you speak to?"의 표현을 고집하였다.

전통문법의 학자로는 18C Samuel Johnson을 위시하여 20C 전반에 Henry Sweet, H. Poutsma, G. O. Curme, Otto Jespersen 등의 문법 대가들이 이어졌다.

2) 구조 문법(Structural Grammar)

전통문법에 대한 반발로 1920년대부터 1957년 Chomsky의 *Syntactic Structure*가 나오기까지 미국의 구조주의 문법은 꽃을 피우게 되었다. 그러나 구조문법의 선구자는 사실상 유럽의 Ferdinand de Saussure이며 1916년 쓴 그의 저서가 구조주의 최초의 저서이다. 구조주의 문법은 그 기반이 심리학적으로 볼 때 행동주의 심리학(behavior psychology)에 두고 있으며 화자가 사용하는 언어의 형태를 그대로 기술하는 기술문법(descriptive grammar)

에 해당된다.

1914년 Leonard Bloomfield의 *Language*는 구조문법의 개시를 알리는 역저이며 곧이어 Edward Sapir의 *Language*(1921)가 나옴으로 구조문법의 기반이 확립되었다고 볼 수 있다.

구조문법의 주요 언어관은 소위 Moulton's Slogan에 잘 나타나있다.

❶ Language is speech, not writing.
❷ A language is what its native speakers say, not what someone thinks they ought to say.
❸ Language is a set of habits.
❹ Languages are different.

구조문법에서는 언어 습득에 관련하여 경험론적 입장(empiricism)을 취하며 언어는 일련의 습관으로 후천적으로 반복학습에 의해 습득된다고 보고 있다. 그리고 언어는 제각기 언어마다 서로 공통성이 없는 상이한 존재로 보기에, 보편성을 추구하는 변형문법과는 사뭇 다르다. 전통문법에서 규범(norm)을 준수하였지만 구조문법에선 규범을 순수하기보나 원어민이 사용하는 언어 형태가 바로 언어라고 보는 것이다. 구조문법에서 접근 방법은 언어의 최소 분석 단위인 음소 → 형태소 → 문장으로 분석해 감으로서 작은 단위에서 큰 단위로 올라가는 분석 방법을 취한다. 그래서 구조문법에서는 소위 분절음과 음소를 다루는 음성학과 음운론이 활발히 연구되었다. 구조문법은 다시 말해 현대 영어를 실제 있는 그대로 기술하는 문법이며, 구조문법의 대표저서로는 C. C. Fries의 *American English Grammar*(1940)와 *The Structure of English* (1952), Nelson Francis의 *The Structure of American English*(1958)를 들 수 있다.

또한 구조문법 학자들은 어휘를 내용어(content words)와 기능어(function

words)로 분류하고 있는데 내용어는 명사, 동사, 형용사, 부사로 구분하고 이 부류에 들지 않는 어휘들을 기능어로 분류하였다. 통사론에서는 문장을 소위 이분적 구분(binary division)에 의해 큰 단위에 작은 단위로 계층적 조직을 분석해 가는 IC분석 방법(immediate constituent analysis)을 채택하였으며 표층구조만을 연구의 대상으로 삼았다.

3) 변형생성 문법(Transformational Generative Grammar)

변형생성문법은 구조문법의 피상적인 형태 기술에 반발하여 소위 Chomsky가 1957년에 *Syntactic Structure*를 출간함으로 시작되었다고 할 수 있다. 구조문법학자인 Harris의 제자인 Chomsky는 이성주의(rationalism)와 정신주의(mentalism)를 철학적 배경으로 하고 있으며 인간의 정신 속에 내재해 있는 언어를 연구 대상으로 삼고, 이를 객관적이고도 과학적인 절차를 통해 그 신비를 캐 보려고 시도하였다.

변형생성문법은 기본적으로 언어를 언어능력(linguistic competence)과 언어수행(linguistic performance)로 구분하고 언어수행은 화자가 선천적으로 갖고 태어나는 무의식적이고 잠재적인 언어 사용 지식이라 규정하였고, 언어수행은 구체적 상황에서 언어의 실제 사용이라고 했다. 언어 분석에서 언어능력을 탐구하기 위해 도입한 개념으로는 심층구조(deep structure), 언어수행을 탐구하기 위한 도구로는 표면구조(surface structure)란 용어를 만들어 내었다. 연구방법 면에서 볼 때는 구조문법이 귀납적 방법을 채택하였다면, 변형생성문법은 연역적 방법을 도입하였다. 그리고 생성문법은 분석의 단위가 문장 → 단어 → 음운으로 나아가는 방법을 취하였으며 무엇보다 통사론에 크게 기여하였다. 언어 습득 면에서는 구조문법은 모방, 반복, 연습을 통한 습관 형성이 곧 언어습득이라는 후천적 언어습득을 주장하였으나, 변형생성문법은 어린아이가 생득적으로 언어습득능력이나 언어습득 장치(LAD)를 갖고 태어난다고 보았다. 구조언어학과 변형생성문법에서 서로 대조가 되는 항목을 비교하여 나열하면 다음과 같다.

Structural Grammar	Transformational Grammar
❶ Physical	❶ Mental
❷ Behavior Psychology	❷ Cognitive Psychology
❸ Empiricism	❸ Rationalism
❹ Imitation & Drill (Habit-Formation Theory)	❹ LAD (Innate Ability)
❺ Inductive Method	❺ Deductive Method
❻ Particular Grammar	❻ Universal Grammar
❼ Phoneme → Sentence	❼ Sentence → Phoneme
❽ Surface Structure에 관심	❽ Deep Structure 관심

제2장

영어 발달사

인도 유럽어족(Indo-European) | 게르만어(Germanic)
고대영어의 특징 | 중세영어의 특징 | 현대영어의 특징
미국영어와 영국영어 천

제2장

영어 발달사

인도 유럽어족(Indo-European) | 게르만어(Germanic) | 고대영어의 특징
중세영어의 특징 | 현대영어의 특징 | 미국영어와 영국영어

1. 인도 유럽어족(Indo-European)

원래 인도 유럽어족은 아리안(Aryan)어족으로 불리우다가 19C 독일의 언어학자 Franz Bopp에 의해 Indo-European으로 불리게 되었는데 지리적으로는 유럽 대륙 전역과 동쪽으로는 인도, 방글라데시에 이르는 지역까지 해당되며 약 5000년 전 원시 인도유럽어(Proto-Indo-European)에서 나왔다고 본다. 인도 유럽어족에 속하는 분파는 보통 아래의 10가지로 분류하고 있다.

❶ Hellenic(= Greek, 헬라이파)
❷ Germanic(게르만어파)
❸ Italic(이태리어파)
❹ Celtic(켈트어파)
❺ Balto-Slavic(발틱- 슬라브어파)
❻ Indo-Iranian(인도 · 이란어파)
❼ Tocharian(토커리어파)
❽ Hittite(히타이트어파)
❾ Armenian(아르메니아어파)

⑩ Albanian(알바니아어파)

인도 유럽어족은 지리적 분포에 따라 서방어단(Western Group)과 동방어단(Eastern Group)으로 나누어지며, 서방어단을 Centum Languages라 부르고 동방어단을 Satem Languages라 부른다. 대개 유럽 지도상 Scandinavian반도에서 흑해 동쪽을 구획선으로 나누어 볼 때 그 좌우에 서방어군과 동방어군이 분포하고 있다.

인도 유럽어족의 본거지(original home)에 대하여는 여러 가지 추측들이 있다. G. L. Brook는 유럽의 중앙부 근처라고 보며 Thomas Pyles은 유럽 중앙의 북쪽, Simeon Potter는 우크라이나 평원이나 러시아의 남부로 보고 있다. 인도 유럽어족의 본거지를 추정하는 근거는 그 어족에 속하는 언어에서 winter, snow, freezing, cold, honey 등의 기후에 관련된 공통어휘와 wolf, horse, bear, pine 등의 서식 동식물에 관한 공통어휘가 발견되고 바다와 연관된 어휘는 없기 때문이다. 그래서 인도 유럽어족의 본거지는 바다와 떨어진 내륙으로서 꽤 추운 기후의 특성을 가진 지역이라고 생각할 수 있는 것이다.

인도 유럽어족의 언어적 특성을 살펴보자면 첫째, 성, 수, 격, 시제, 인칭, 서법, 상 등의 문법기능을 나타내기 위해 접사를 붙이는 굴절 언어(inflectional language)란 점이며 둘째, 격이 발달되어 주격, 대격, 속격, 여격, 탈격, 호격, 처소격, 도구격 등 8개의 격이 있었으며 사람의 심적 태도를 표현하는 서법(mood)으로는 직설법, 기원법, 명령법 등이 있었다.

인도 유럽어족의 주요 계보를 도시하면 다음과 같다.

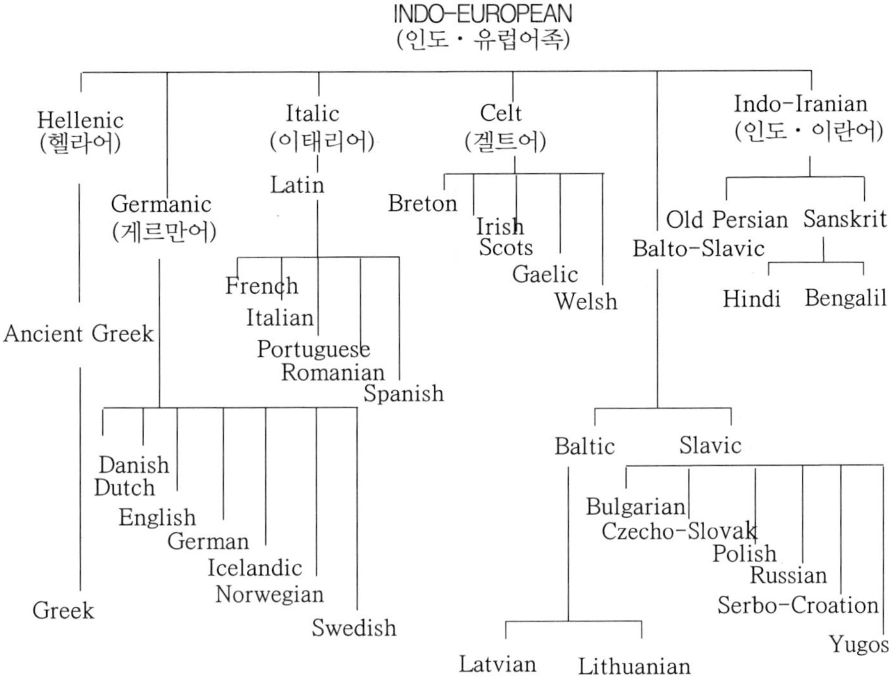

2. 게르만어(Germanic)

영어와 더불어 현대 독일어는 Germanic에 속한다. Germani라는 명칭은 Caesar에 의해 Gallic War(BC. 52~50)에서 처음 사용되었는데 그 명칭의 기원에 관해서는 논란이 많다. Germanic은 크게 구분하여 East Germanic, North Germanic, West Germanic으로 나누어지고, West Germanic은 다시 Low German과 High German으로 나누어지는데 영어는 West Germanic의 Low German 계열에 속하게 된다. Germanic의 3가지 분파에 속한 언어들을

예시하면 다음과 같다.

East Germanic: Gothic

North Germanic: Danish, Swedish, Norwegian, Icelandic

West Germanic
- Low German
  - English
  - Dutch
  - Flemish
  - Frisian
  - Plattdeutsch
- High German — German

Germanic어의 주요 언어적 특징을 들면 다음과 같다.

❶ Indo-European은 액센트의 위치가 비교적 자유스러운데 반하여, Germanic에서는 주 강세가 각 단어의 첫음절로 옮겨가는 경향을 띄게 되었다.

❷ 제1차 자음변화(First Consonant Shift)라고 하는 자음변화가 일어나게 되었다. 그 예로 Germanic은 인도 유럽어족 중 Centum group이지만 영어의 hundred나 독일어의 hundert처럼 인도 유럽어족의 폐쇄자음 [k]가 Germanic에 와서 [h]음으로 변화하게 되었는데 제1차 자음변화를 일명 Grimm's Law라고 한다.

❸ Germanic에서는 동사체계가 간소화되어 약변화 동사라고 하는 것이 생기게 되었다. 약변화 동사는 규칙변화로서 이를테면, 과거, 과거분사에서 치음 접미사(dental suffix)(OE 경우 -de, -te, 독일어 경우 -te)가 발달하게 된 것이다.

❹ 제2차 자음변화(Second Consonant Shift)는 6, 7C에 걸쳐 일어난 자음변화로서 영어가 속한 Low German에서는 일정한 자음이 그대로 사용된

반면에, 현대 독일어가 속한 High German에서만 변화가 일어나게 되었다.

제 2차 자음변화의 예

Low German p → High German pf 또는 f(모음 뒤)
pepper → Pfeffer pipe → Pfeife plant → Pflanze
hope → hoffen sleep → schlafen ape → Affe

Low German k → High German ch(모음 뒤)
book → Buch break → brechen make → machen

Low German s → High German sch(l, m, n, p, t 앞)
sleep → schlafen snow → Schnee sweat → Schweiβ

Low German v → High German b(모음사이)
give → geben have → haben live → leben love→ lieben

❺ 영어는 비강세 굴절어미가 대부분 schwa[ə]로 약화되거나 탈락된 반면, 독일어는 굴절어미가 잘 보존되어 종합적인 언어의 성격을 가지고 있다.

❻ 독일어는 어휘구성에서 외래 차용어가 적어 동질성을 유지하고 있지만, 영어는 라틴, 그리스어, 켈트어 등 여러 외래어의 유입을 통해 이질적 성격을 지니고 있다.

❼ 영어의 직접적 계보는 Indo-European → Germanic → Low German → English로 내려왔다.

3. 고대 영어(Old English)

영국의 Britain섬에 거주하던 주민은 원래 Celtic어를 말하는 Celt족이었다. BC 55년에 Julius Caesar의 로마 군대가 Britain섬을 침략하여 상륙하여 머물다가 5C경에 철군하였다. 이 기간 중 Latin어가 어느 정도 사용되었는지는 알 수 없고 Celt어는 아마도 지방에서 사용되었으며 Celt어 형태는 주로 지명에서 발견되고 있으며 Celt어는 오늘날 Wales 지방과 Scotland 고지대에서 명맥을 간신히 유지해 오고 있다.

영어의 역사는 영국에서 세 종족 Angles, Saxons, Jutes의 정착과 더불어 시작된다. 그래서 현재 영국 민족을 Anglo-Saxon 민족이라고 부른다. 이 세 종족이 거주하던 본거지는 독일 북부 평원 Schleswig-Holstein이라고 불리우는 지방이며 AD 449년에 Jutes족이 처음으로 영국섬의 Kent지방에 상륙하였으며, 이어서 Saxon족이 447년에 Thames강 이남에 정착하였고, 마지막으로 Angles족이 상륙하여 세력을 뻗쳐 오늘날 England 지방과 Scotland 저지대까지 미치게 되었다. 오늘날 영국을 England라고 부르는 명칭도 Angle's Land(앵글족의 땅)라고 하는데서 유래된 명칭이다. 그리고 고대영어를 일명 Anglo-Saxons라고 부르기도 한다.

세 종족이 정착한 후 얼마 안가서 작은 왕국을 세웠는데 그것이 소위 앵글로색슨 7왕국(Anglo-Saxon Heptarchy)이다. 이들은 Northumbria, Mercia, East Anglia, Wessex, Sussex, Essex, Kent이며, 7왕국 중 7C에는 Northumbria가 정치적 문학과 학문 그리고 정치적 우위를 누렸으나, 8C에는 리더쉽이 Mercia로 넘어갔고, 9C에는 Wessex가 주도권을 잡게 되었다. Wessex의 Alfred 재임기간(871-899)에는 학문적 전성기를 누리게 되었다. 앵글로색슨 7왕국시대에는 정치적으로 완전히 통일된 단일국가체제가 아니었기에 지방마다 방언이 생기게 되었다.

고대영어 기간 중 AD 750년경부터 1050년까지는 스칸디나비아 반도에 살던 Danes족 즉 Viking족이 영국을 수차례 침략하였으며 이 시기를 소위 Viking Age라 부른다. Viking의 활동을 1016년 Denmark왕 Cnute가 영국왕위에 오름으로 최고조에 달했고 Viking족의 침략시기에 King Alfred가 성공적으로 저지하는데 기여하였다. 그래서 영국에는 스칸디나비아 지명이 많으며 단어에도 그 영향으로 sk-(sky, skin, skill 등)로 시작되는 단어가 현대영어에 나타나고 있다. 그러나 이들로부터 차용된 대부분의 어휘는 스칸디나비아 인이 Anglo-Saxon족과 문화적으로 큰 차이가 없기 때문에 차용어라고 느껴질 정도는 아니니다.

고대영어의 특징을 좀 더 구체적으로 살펴보면 다음과 같다.

❶ 고대영어는 굴절이 많이 변화하는 종합적인 언어(synthetic language)였다. 거의 모든 품사에서 굴절변화가 성, 수, 격에 따라 이루어졌다. 예를 들어 명사의 경우 굴절변화를 살펴보면 강변화와 약변화가 있다.

		STRONG DECLENSION		WEAK DECLENSION
		Masc	*Fem*	*Masc*
Singular	N.	stān	gief-u	hunt-a
	G.	stān-es	gief-e	hunt-an
	D.	stān-e	gief-e	hunt-an
	A.	stān	gief-e	hunt-an
Plural	N.	stān-as	gief-a	hunt-an
	G.	stān-a	gief-e	hunt-ena
	D.	stān-um	gief-um	hunt-um
	A.	stān-as	gief-a	hunt-an

동사의 굴절변화에는 강변화 동사(strong verb)라고 하여 sing, sang, sung처럼 어간모음이 변하는 경우이고, 약변화 동사는 어간에 -ede, -ode, -de 등을 붙여 과거형을, -ed, -od, -d등을 붙여서 과거분사를 만드는 것이다.

❷ 고대영어에서는 현대영어에서 사용되지 않는 철자로서 æ(/æʃ/), þ(Θɔːrn), ð(/eΘ/)가 있었다.

❸ 발음 면에서는 철자 그대로 발음되는 표음적(phonetic)인 언어였다.

❹ 모음의 발음에선 장모음과 단모음이 뚜렷이 구별되었으며 장모음은 모음 위에 '-' 표시를 사용하였다.(stān, hūs, mūs, dǣl, fēdan)

❺ 어휘 면에서 Anglo-Saxon어의 동질성을 비교적 잘 보존하고 있다.

❻ 성(gender)에서 자연성이 아닌 문법성을 따르고 있다.

4. 중세 영어(Middle English)의 특징

중세 영어는 1100~1500년에 이르는 시기에 해당되며 영어사적으로 볼 때 과도기에 해당된다. 고대영어와 중세영어를 갈라놓게 된 중요한 역사적 사건은 Norman Conquest(1066)로서 Normandy 공작인 William the Conqueror가 영국 왕위에 올라 William Ⅰ세가 되었다. 이후 1200년까지 영국 궁정과 상류층에서 불어가 지배적으로 사용되었고 사회 전 영역에서 공용어로 약 300년간 지속되었다. 그러나 영어는 단지 서민층과 농민들이 사용하는 대중언어로 격하되었다고 볼 수 있다. 이 같은 불어의 대량유입으로 불어 철자관습이 영어에 영향을 미쳐 굴절의 약화를 초래케 되었다. 그래서 중세 영어시기를 한마디로 굴절 평준화(leveling of inflection)의 시기라고 할 수 있다.

중세 영어의 언어적 주요 특징을 요약하자면 다음과 같다.

❶ OE의 굴절어미가 -e [ə]로 수평화 되는 굴절 약화가 일어나게 되었다.

❷ 종합적 언어 성격에서 분석적 언어로 바뀌어가는 과도기(transition period)에 해당된다.

❸ 중세 영어에 들어오게 된 차용어는 거의가 불어에서 들어 온 것이며, 생활 기본어라기 보다 문화적 어휘라고 할 수 있다. German어의 특성에 Latin어 계열인 불어의 이질성이 들어오게 된 것이다.

❹ 굴절어미의 수가 대폭 감소하거나 단순화되었다.

❺ 중세 영어 말기 즉 Chaucer시대에서부터 초기 현대 영어인 Shakespeare 시대에 일어난 발음의 변화는 소위 **대모음 변동(Great Vowel Shift)**라고 하는 것이다. 대모음 변동의 요지는 중세영어의 장모음이 초기 현대영어에 와서 하나씩 고모음(high vowel)쪽으로 이동하고 /i/와 /u/는 이중모음화 된 변화이다. 이것을 도시하면 아래와 같다.

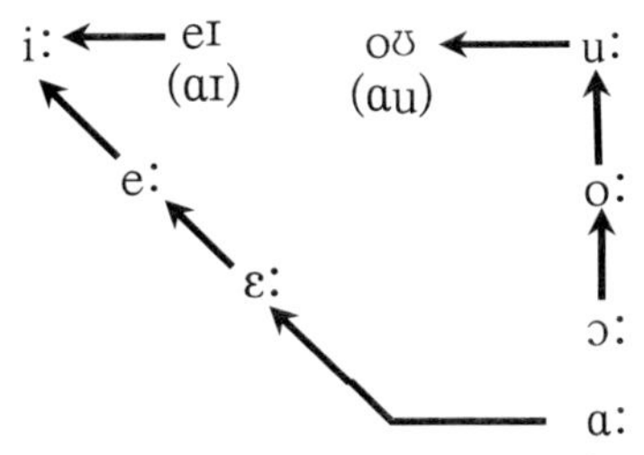

대모음 변동을 중심으로 하여 중세영어에서 현대영어까지의 음 변화의 실례를 들어보면 다음과 같다.

Chaucer's spelling	Chaucer's pronunciation (14th cent.)	Shakespeare's pronunciation (16th-17th cent.)	Present-day pronunciation (20th cent.)	Present-day spelling
lyf	li:f	leɪf	laɪf	*life*
deed	de:d	di:d	di:d	*deed*
deel	dɛ:l	de:l	di:l	*deal*
name	nɑ:mə	nɛ:m	neɪm	*name*
hoom	hɔ:m	ho:m	houm	*home*
mone	mo:n	mu:n	mu:n	*moon*
hous	hu:s	hoʊs	haus	*house*

5. 현대 영어(Modern English)의 특징

영어사는 크게 세 시대로 구분되며 굴절변화와 관련하여서는 다음과 같이 특징지어진다.

Old English(O.E) (500 ~ 1100) … the period of full inflection
Middle English(M.E) (1100 ~ 1500) … the period of levelled inflection
Modern English(Mod. E) (1500 ~ present) … the period of lost inflection

현대영어는 다시 초기 현대영어(Early Modern English)와 후기 현대영어(Late Modern English)로 구분되는데 전자는 16, 17C의 영어를 18C 이후의 영어로서 가리키며 Shakespeare의 영어가 이에 해당된다. 후기 현대영어는 18C 이후의 영어로서 OE가 갖고 있던 복잡한 굴절이 거의 사라져 버리게 되고 오늘날 조그마한 흔적만을 가지고 있을 뿐이다. 현대영어가 지니고 있는 굴절은 고작 8개 뿐인데 명사의 복수 -(e)s, 소유격 - 's, 동사의 과거형 -ed, 과거분사 -ed, 삼인칭 현재 단수의 -(e)s, 현재분사 -ing, 형용사의 비교급

-er, 최상급 -est가 전부이다.

현대영어가 지니는 전반적 특징을 요약 정리하면 다음과 같다.

❶ 굴절(inflection)이 대부분 상실되었다.

❷ 어순(word order)이 고정화되고, 굴절이 하던 기능을 대부분 어순이 떠맡게 되었다.

❸ 전치사 사용의 증가: 격 어미 소실로 격 표시를 분명히 하기위해 전치사 용법이 확대되었다.

❹ 문법성(grammatical gender)이 소실되어 자연성(natural gender)을 따르게 되었다.

❺ 조동사 사용의 활성화: do, have 및 기타 서법 조동사

❻ 억양의 발달: 굴절 언어는 어순이 자유롭기에 화자는 강조하고 싶은 말을 어순으로 처리하나, 현대영어는 어순이 고정되어 화자가 어순을 마음대로 바꿀 수 없으므로 억양을 통해 강조하게 되었다.

❼ 현대영어에서는 어휘의 품사가 형태보다는 문장 내에서 문법적 기능에 의해 결정되므로 품사의 기능전환이 용이해졌다.

6. 미국영어와 영국영어

17C 중엽 신대륙에 도착한 개척자들이 미국에서 사용한 영어는 엘리자베스 시대 영어였으며 이후 여러 민족들의 이민에 의한 인구 유입으로 여러 인종들의 언어가 미국영어에 영향을 미치게 되었다. 이를테면, 프랑스, 스페인, 네덜란드, 독일, 이태리, 아프리카어 및 미국 인디언의 어휘들이 영어 어휘에 들어오게 되었는데 그 구체적인 예를 들면 다음과 같다.

프랑스어 :	prairie(대초원) butte(평야의 외딴 산) crevasse(빙하의 갈라진 틈) bureau(침실용 장롱)
스페인어 :	ranch(농장, 목장) coyote(이리) bronco(야생마) poncho(외투)
네덜란드어 :	cookie(과자), boss(두목), waffle(케이크 일종), sleigh(썰매), dumb(벙어리의), Santa Clause
이태리어 :	spaghetti, pizza, oregano
독일어 :	noodle, delicatessen, hamburger, pretzel
아프리카어 :	jazz, banjo, samba, gumbo, goober

한편, 미국영어와 영국영어는 수세기동안 지리적 격리에 따라 발음, 철자, 어휘, 문법 면에서 차이가 생기게 되었는데, 그 중에서 발음 면에서 차이가 가장 현저하며, 문법에선 큰 차이가 없다고 볼 수 있다. 이들의 각 영역에서 구체적 차이점을 살펴보면 다음과 같다.

1) 발음의 차이

미국식 발음은 과거의 영국영어에서 발음하던 관습을 그대로 가져와 사용되기에 전반적으로 보수적인 성격을 띠고 있다. 먼저 모음의 경우를 살펴보년, 영국발음과 미국발음은 다음과 같은 대조적인 면을 보이고 있다.

모음 발음

영국식 발음	미국식 발음	실 예
[ɑ:]	[æ] 또는 [æ:]	dance, aunt, can't, past, chance, branch, ask, grass, last, after, half
[ɔ]	[ɑ]	novel, stop, college, hot, stock, accomplish, copy, watch, not, body, rock, stock, got

[e]	[iː]	leisure, zenith, medieval, premier
[ɛə]	[ɛː]	Mary, vary, area, various
[iə]	[iː]	serious, material, experience, superior
[ou]	[o]	home, boat, stone, total

자음에서 영국식 발음과 미국식 발음의 차이는 모음의 차이만큼 현저하지는 않다. 자음에서 구체적인 차이점을 들면 다음과 같다.

❶ 영국영어에서 어말이나 모음 뒤의 r은 탈락되어 발음되지 않으나, 미국영어에서는 발음된다. 그래서 영국영어에서 father와 farther는 완전히 동일하게 발음된다.

car, jar, far, bird, door, for, storm, teacher, learn, north, first, doctor

위의 모든 단어에서 모음을 미국영어에서는 r-colored vowel로 발음되나 영국영어에선 r-less vowel에 해당된다.

❷ /t/음의 유성화 : 영국영어에서는 /t/음이 정상적으로 발달되나, 미국영어에서는 유성음사이에 올 때 동화현상에 [d]나 [r]음으로 유성화 되어 발음된다.

beauty, city, little, later, better, waiting, party, daughter, cattle, water, automobile

❸ 미국영어에서는 wh-와 w의 음을 구별하지만, 영국영어에서는 그러한 구별이 없다.

영국 발음	미국 발음	
[w]	[hw]	when, where, which, whether

그래서 영국인들은 where와 ware, which와 witch, whether와 weather의 발음이 언제나 동일하다.

❹ 그 외 개별적인 예로서 schedule은 영국영어에서 [ʃ]로, 미국영어에선 [sk]로 발음하며, raspberry, vase에서는 영음에서 [z]로 미음에서는 [s]로 발음한다.

2) 철자상의 차이

발음에서와는 달리 철자상에서는 미국영어가 진보적인 면을 보여 철자 개혁(spelling reform)의 방향으로 나아 간 반면 영국영어는 미국영어에 비해 보수적이라 볼 수 있다.

영국영어	미국영어	영국영어	미국영어
-x-	-ct-	-c-	-s-
connexion reflexion	connection reflection	offence defence	offense defense
-ll-, -gg-, -pp-, -l-. -g-, -p-		-que	-(c)k
counsellor waggon worshipper	counselor wagon worshiper	piquet cheque	picket check
-our	-or	-æ-, -œ-	-e-
colour harbour humour behavior	color harbor humor behavior	encyclopaedia mediaeval amoeba	encyclopedia medieval ameba
-our	-or	-æ-, -œ-	-e-
colour harbour humour behavior	color harbor humor behavior	encyclopaedia mediaeval amoeba	encyclopedia medieval ameba

-re	-er	-au-,-ou-	-a-, -o-
theatre centre calibre	theater center caliber	staunch mould smoulder	stanch mold smolder
-se	-ze	-louge	-log
realise analyse	realize analyze	catalogue monologue dialogue	catalog monolog dialog
-y	-i	-ette	-et
cyder tyre	cider tire	toilette cigarette	toilet cigaret

기타 개별적인 것으로는 gauge-gage, draught-draft, pyjamas-pajamas, plough- plow, gaol-jail, grey-gray, enclose-inclose, sceptic-skeptic, through-thru 등을 들 수 있다.

3) 어휘상의 차이

어휘상의 주요한 차이는 다음의 표에서와 같다.

영국영어	미국영어	의 미
shop	store	상점
railroad	railway	철도
luggage	baggage	수하물
lift	elevator	엘리베이터
sweet	candy	사탕
biscuit	cracker. cookies	(바삭)과자
veranda	porch	베란다
underground	subway	지하철
petrol	gas(gasoline)	휘발유
bonnet	hood	엔진덮개
post	mail	우편
holiday	vacation	휴가
tram	streetcar	전차

timber	lumber	목재
note	bill	지폐
waistcoat	vest	조끼
tin	can	깡통
corn	grain	곡물
dust bin	garbage can	쓰레기통
pavement	sidewalk	보도인도
cooker	oven	요리 솥

제3장

영어 어형론

형태소(Morpheme) | 형태소의 유형 | 접사와 어구성
굴절 접미사와 파생 접미사 | 이형태(Allomorph)
동음 의이어(Homophones) | 낱말(Words)
조어법(Word Formation)

제3장

영어 어형론(English Morphology)

형태소(Morpheme) | 형태소의 유형 | 접사와 어구성 | 굴절 접미사와 파생 접미사
이형태(Allomorph) | 동음 의이어(Homophones) | 낱말(Words) | 조어법(Word Formation)

1. 형태소(Morpheme)

형태소는 영어 어형론 연구에서 가장 기초가 되는 단위이며 음소가 음의 가장 기본 단위이며 최소 단위이듯이 형태소는 의미를 가진 최소 단위(the smallest meaningful segment)에 해당된다. 형태소는 일반적으로 다음의 3가지 요건을 충족시킬 때 형태소라고 볼 수 있다.

❶ It is a word or a part of word that has meaning.

❷ It cannot be divided into smaller meaningful parts without violation of its meaning or without meaningless remainders.

❸ It recurs in differing verbal environments with a relatively stable meaning.

우선 첫째 기준으로서 형태소는 의미를 가지고 있는 한 개의 단어나 단어의 일부인데 이를테면 meet, go, come, for 등은 독립된 단어로서 하나의 형태소이다. 또한 teach<u>er</u>, <u>bi</u>cycle, kind<u>ness</u>에서 -er, bi-, -ness 등은 단어의 일부로서 의미를 갖고 있는 형태소에 해당된다. 둘째, 형태소를 분석했을 때 결과

적으로 무의미하게 남게 되거나 원래 그것이 가지고 있는 의미가 훼손되어서는 안 된다. 예를 들어 straight /streɪt/ 란 단어를 s-, st, str- 등으로 더 작게 나누게 된다면 거기에 따라 남는 그 자체도 무의미하게 남는 단위가 될 뿐 아니라 각각 그 단위와 대응하는 나머지 /treɪt/, /reɪt/도 straight가 가진 의미와는 아무런 연관성이 없게 되므로 straight /streɪt/ 는 결국 한 개의 형태소에 불과하다. 셋째, 형태소는 서로 다른 언어적 환경에서 비교적 안정된 의미를 가지고서 나타나게 되는데 bright<u>en</u>, soft<u>en</u>, deep<u>en</u>, dark<u>en</u>, stiff<u>en</u> 등에서 -en은 "make"의 의미를 가지고 거의 언제나 나타낸다.

2. 형태소의 유형

1) 자유 형태소와 의존 형태소

자유 형태소는 뜻을 나타내면서 홀로 존재할 수 있는 형태소를 가리키는데 예를 들어 "What are you going to do now?" 라는 질문에 대한 응답으로 "eat" 라고 대답할 경우 그 단어는 자유 형태소에 해당된다. 예를 들어 pen, now, go, mean 등은 모두 자유 형태소이다.

이에 반하여 뜻을 가지지만 제 홀로 독립적으로 사용될 수 없는 형태소를 의존 또는 구속 형태소라고 한다. 이를테면 un-, pre-, inter-, -ed, -ness, -ity, -ful 등은 모두 의존 형태소이며 영어의 접두사나 접미사는 모두 의존 형태소이다.

2) 어휘 형태소와 문법 형태소

형태소의 또 다른 구분으로 어휘 형태소는 그 형태소 자체가 내용적으로 완전한 의미를 나타내는 명사, 동사, 형용사, 부사 등이며 문법 형태소는 문법적 기능만을 주로 나타내는 형태소로 전치사, 관사, 접속사, 수, 성, 시제 등이 이에 해당된다.

3) 어근(Base)과 접사(Affix)

형태소를 위에서 언급한 구분과는 달리 두 범주인 어근과 접사로 나누기도 한다. 어근은 한 단어에서 주된 의미(principle meaning)를 가지는 형태소에 해당된다. 예를 들면 다음의 여러 단어에서 밑줄 친 부분은 어근에 해당 된다: <u>kind</u>ness, <u>color</u>ful, bi<u>cycle</u>, <u>deni</u>al, <u>annoy</u>ance, <u>lov</u>able, en<u>large</u>, re-<u>enter.</u> 어근은 그 수효가 무수하게 많으며 대부분 자유 형태소에 해당된다. 그러나 그 중 소수는 의존 형태소를 취하는 것도 있다: con<u>sent</u>, dis<u>sent</u>, as<u>sent</u> 등에서 -sent는 어근(base)이지만 의존 어근(bound base)에 해당된다. 한 개의 단어는 최소한 한 개의 어근과 여러 개의 접사(affix)를 거느릴 수 있다. 예를 들어 readability란 단어는 자유 어근(free base)인 read와 2 개의 접사를 가지고 있으며 unmistakably는 take이라는 어근과 un-, mis-, -able, -ly의 4 개의 접사가 있다.

의존 어근(bound base)은 때로는 그 정확한 의미를 추적하기가 힘든 경우가 많다. 상당수의 의존 어근은 Latin이나 Greek어에서 유래된 경우가 많으며 예를 들어 sentiment, sentient, consent, assent, dissent, resent, sentimental 등에서 -sent라는 의존 어근은 “feel”이라는 공통된 의미를 갖고 있다.

3. 접사와 어구성

영어의 접사는 어근의 앞에 붙는 접두사와 어근의 뒤에 붙는 접미사로 분류되며 양자가 모두 의존 형태소에 해당된다. 접두사는 <u>dis</u>honest, <u>im</u>port, <u>pre</u>fix, <u>re</u>consider 등의 단어에서 dis-, im-, pre-, re- 에 해당되며 영어에서 그 수가 한정되어있어 약 75개 정도 된다. 접미사는 failure, neighborhood, realize, books, dreamed에서 -ure, -hood, -ize, -s, -ed에 해당되며 그 수는 접두사보다 훨씬 많다. 접두사는 un-의 경우를 제외하고 한 단어에서 어근 앞에 한 개 오는 게 통상이지만 접미사는 3~4 개까지 연속해서 올 수 있다. 이를테면 normalizers란 단어는 norm이란 어근 뒤에 -al, -ize, -er, -s의 4개가 나타나고 그것들의 나타나는 순서는 정해져 있다.

4. 굴절접미사(Inflectional Suffix)와 파생접미사(Derivational Suffix)

접사는 접두사와 접미사로 나누어지며 접미사는 굴절접미사와 파생접미사로 구분된다.

- Affix
  - Prefix
  - Suffix
    - Inflectional Suffix
    - Derivational Suffix

영어의 굴절접미사는 그 수가 8개에 불과할 정도로 극히 제한적이다. 이는 영어가 고대영어의 완전 굴절 특성에서 중세영어의 굴절 평준화의 시기를 거쳐 현대영어에서는 굴절이 거의 상실되고 흔적만 남은 결과이다. 8개의 굴절접미사는 다음과 같다.

❶ Noun plural -s (birds)

❷ Noun possessive -'s (bird's)

❸ Verb present third person singular -s (dreams)

❹ Verb present participle -ing (dreaming)

❺ Verb past tense -ed (dreamed)

❻ Verb past particle -en (chosen)

❼ Adjective comparative -er (sweeter)

❽ Adjective superlative -est (sweetest)

굴절접미사가 파생접미사와 구별되는 중요한 특징을 들면 다음과 같다.

❶ 굴절접미사는 품사를 바꾸지 않는다. (dream/dreams, cough/coughed, cold/ colder)

❷ 굴절접미사는 단어의 맨 마지막에 온다. (shortened, working, remainders)

❸ 굴절접미사는 특정한 품사의 어간(stem)과는 함께 나타날 수 있다. (He eats, drinks, dreams, sings, motivates)

❹ 단어 안에서 중첩 사용되지 못하며 단 1회만 가능하다. (higher, highered(×), dreamed, dreameds(×))

굴절접미사가 그 수가 극히 제한된 반면 파생접미사는 그 수가 방대하다. 다시 말해 굴절접미사 8개를 제외한 모든 접미사는 모두 파생접미사에 해당된다. 파생접미사는 위에서 언급한 굴절접미사와는 대조적 특성을 가지고 있다.

❶ 파생접미사는 거의 대부분 품사를 바꾸게 된다. (failure, careful, happiness, active, brighten)

❷ 파생접미사는 보통 단어를 완전히 종결하지 않고 다음 파생접미사나 굴절접미사가 올 수 있는 가능성을 열어 놓고 있다. 따라서 여러 개의 접미사가 중첩해서 올 수 있다. (fertilizers)

❸ 파생접미사가 결합하는 단어는 임의적(arbitrary) 문제이다. 예를 들어 adorn이란 단어는 명사형에 -ment를, careful이란 단어는 -ness, fail이

란 단어는 -ure을 붙이는 데는 필연적 이유가 없다.

접사(대부분 접미사)가 부가되는 단어를 가리켜 어간(stem)이라고 부르는데 어간은 한 개 또는 여러 개의 어근(base)과 파생접사를 포함한다. 따라서 playboys의 어간은 playboy이며 beautiful의 어간은 beautify이다.

5. 이형태(Allomorph)

영어의 대부분의 형태소(morpheme)는 하나의 형태만을 가진다. 그러나 또한 영어에는 동일한 형태소가 두 가지 이상 다른 형태를 취하는 경우가 있다. 형태소 {press}는 pressure에서는 끝 발음이 /ʃ/로 발음되지만 press에서는 /s/로 발음된다. 또한 depth에서 첫 번째 형태소는 /dɛp/로 발음되나 deep에서는 /diːp/로 발음되는데 이같이 동일한 의미의 형태소가 음운 환경(phonological environment)데 따라 서로 다른 음성 형태를 가질 때 그 하나하나를 이형태(allomorph)라고 한다. 형태소의 표기는 { }(brace) 안에 넣어서 표시하고 이형태는 / /(slant)에 넣어 표시한다.

이형태는 이음(allophone)의 경우와 마찬가지로 동일한 형태소에 속하는 이형태는 각각 자기의 고유한 영역을 지키며 다른 자리에서는 나타날 수 없는 상황을 **상보적 분포(complementary distribution)**라고 한다. 예를 들어 /dɛp/는 deep에서는 절대로 나타날 수 없으며 /diːp/는 depth에서는 결코 나타날 수 없다.

영어의 명사 복수어미 형태소를 {-s}, 동사의 과거어미 형태소를 {-d}라고 한다면 형태소가 거느리는 이형태는 다음과 같이 표시할 수 있다.

{-s} = /-s/ ~ /-z/ ~ /-əz/
{-d} = /-t/ ~ /-d/ ~ /-əd/

이들 각 이형태가 사용되는 구체적 음운환경을 예시하면 다음과 같다.

/-s/ : 무성자음 (p, t, k, f, θ)뒤 : hips, cats, rocks, cliffs, Smiths
/-z/ : 유성음 뒤 : shoes, curls, cows, toys, fools
/-əz/ : 치찰음 (s, z, š, ž) 및 폐찰음 뒤 : roses, dishes, losses, riches, edges
/-t/ : 무성자음 뒤 : laughed, kicked, passed, wished
/-d/ : 모음 뒤, 유성자음 뒤 : begged, learned, seemed, killed

형태소가 거느리는 이형태의 결정 조건(conditioning)은 음운적 조건(phonological conditioning)과 형태적 조건(morphological conditioning)이 있다. 음운적 조건은 각 이형태들이 선행하는 음과 같은 음운적 환경에 의해 그 형태가 결정되는 경우이며 형태적 조건은 인접 음운환경과는 무관하며 그 단어 자체의 형태를 두고 결정되는 경우로서 불규칙 복수로서 ox-oxen, child-children, sheep-sheep과 같은 경우에 적용된다.

지금까지 다루어 온 복수나 과거시제의 이형태는 어근에 접미사를 붙이는 부가적인 것이었다. 그러나 sing-sang, goose-geese, find-found등에서는 단어 내의 모음이 교체됨으로 복수와 과거의 의미를 나타내게 된다. 이것을 공식화해서 나타내게 되면 다음과 같다.

/sæng/ = /sɪŋ/ +/ ɪ〉æ/
/faund/ = /faɪnd/ +/aɪ 〉au/

여기서 / ɪ〉æ/, /aɪ 〉au/의 교체는 과거형태소의 또 다른 이형태에 해당되는데 이를 **대치 이형태(replacive allomorph)**라고 부르며 낱말의 중간에 삽입되기에 접중사, 접요사라고 부르기도 한다.

6. 동음이의어(Homophones)

소리는 같지만 의미상으로 서로 다른 단어를 동음이의어라고 하는데 영어의 flower-flour, dear-deer, heir-air, pair-pear 등이 해당된다. 동음이의어는 단어에만 존재하는 것이 아니고 의존 형태소(bound morpheme)에도 존재하는데 접미사 동음이의어(suffixal homophones)를 그 예로 들 수 있다.

이를테면 접미사 형태소 {-er}은 다른 몇 개의 동음이의어의 형태가 있다.

{-er} ❶ agent -er (golfer, teacher, hunter, fisher 등)
❷ repetition -er (chatter, mutter, glitter, patter 등)

{-ing} ❶ nominal -ing (meetings, readings, weddings)
❷ verbal -ing (I saw a house burning)
❸ adjectival -ing (This is a more exciting movie)

위의 {-ing}에서 동사와 -ing와 형용사 -ing의 구별은 두 가지 검증 기준이 있는데 그 하나는 형용사의 경우는 very, rather, quite 등과 같은 강의어가 선행할 수 있으나 동사 -ing는 불가능하며 나머지 하나는 seem가 나오는 문장에서 -ing 형을 넣어 문법성 여부를 검증할 수 있다.

❶ That snakes seems interesting.
❷ That snakes seems crawling.

7. 낱말(Word)

낱말을 한 마디로 정의하면 "한 개의 어근(base)과 한 개 이상의 접사를 가지거나, 가지지 않고서 구성되는 언어적 단위"라고 할 수 있다. 영어의 낱말은 크게 **단일어(simple word)**, **합성어(complex word)**, **복합어(compound)**의 세 가지로 나눌 수 있다.

단일어는 flea, slay, long, come처럼 단 하나의 자유 어근(free base)으로 이루어지는 단일어이다. 합성어는 두 개의 의존 형태소로 이루어지거나 하나의 자유 형태소와 하나의 의존 형태소로 이루어진다. 그 예로 exclude, televise dipsomania, telephone, lioness 등이 이에 해당된다. 복합어는 2개 또는 그 이상의 자유 형태소로 이루어진 단어로서 outside, overripe, greenhouse, ping-pong, railroad, touch-me-not, father-in-law, jack-of-all-trades 등을 들 수 있다.

복합어와 문법적인 구조(grammatical structure)는 다음의 몇 가지 면에서 뚜렷이 구분된다.

❶ **분리성(seperability)**: 복합어는 두 구성요소 사이에 삽입에 의한 분리가 불가능하나 문법적 구조는 그것이 가능하다.

a. She is a sweetheart (Compound Word)
b. She is a sweet heart (Grammatical Structure)
c. *She is a sweet, kind heart. (C. W)
d. She has a sweet, kind heart. (G. S)

❷ **강의어(intensifier)에 의한 수식 가능성 여부**

a. *It was very base ball (G. S)

b. It was very hard ball (C. W)

❸ Superfix(=stress pattern)에 의한 구분

a. swímming teàcher (수영강사) (C. W)
b. swìmming teácher (수영중인 강사) (G. S)
c. hígh chaìr (a chair for children) (C. W)
d. hìgh chaír (a chair that is high (G. S)

8. 조어법(Word Formation)

1) 파생법(Derivation)

파생법은 어간(stem)에 접두사나 접미사를 부가하여 새로운 단어를 만드는 방법으로 현대영어에서 가장 대표적인 조어법으로 생산성(productivity)이 높다. OE에서는 이 방법을 별로 사용하지 않으며 파생법에서는 유추(analogy)가 큰 역할을 담당한다. 구체적인 예는 다음과 같다.

❶ kind<u>ly</u>, kind<u>ness</u>, beauti<u>ful</u>, fail<u>ure</u>, dark<u>en</u>
❷ <u>un</u>kind, <u>dis</u>honest, <u>en</u>able, <u>pre</u>position, <u>mis</u>take

접사(affix)를 생산성 면에서 볼 때 활성 접사로서 비교적 자유롭게 기존의 어휘에 부가되어 사용되며 앞으로 계속 많은 단어를 생성할 가능성이 있는 접사로 -ness, -ful, -ly, -able, -ed 등이 대표적이다. neighbor<u>hood</u>, free<u>dom</u>, laugh<u>ter</u>, leng<u>th</u>, <u>for</u>bid에서 -hood, -dom, -ter, -th, for- 등은 비활성 접사로서 새로운 파생어를 생성하는데 그 세력이 약하다고 볼 수 있다.

2) 복합법(Compounding)

복합법은 두 개나 혹은 그 이상의 낱말을 한 데 합쳐서 새로운 낱말을 만드는 방법을 가리키며 이렇게 만들어진 낱말을 **복합어**(compound word)라고 한다. 이 방법은 벌써 OE부터 활발히 사용된 방법이며 구체적 예는 다음과 같다. 그러나 현대영어에서는 고대영어만큼 자주 사용된 방법은 아니다.

lēoht-fæt (light vessel → lamp)
leorn-hus (learing house → school)
hūsbonda (house holder → husband)
wīfman (wife man → woman)
gōdspel (good news → gospel)
hāliġ dæġ (holy day → holiday)
Christe's mæsse (Christ's mass → Christmas)

현대영어에서도 복합법에 의해 생성된 단어는 그 수가 많다.

railroad, steamboat, hotbed, outline, inlay
downfall, dark-blue, ever-young, apple-tree, sewing machine
widespread, blackbird, mother-in-law, out-of-state

고대영어에서 만들어져서 오랜 세월동안 음운변화를 겪은 오래된 복합어는 복합어의 기원을 추적하기 어렵거나 흐려진 경우도 있다.

3) 역성법(Back-formation)

역성법을 **역파생**(reverse derivation)이라고도 하며 일반적 예측과는 달리 음절의 길이가 긴 데서 짧은 단어가 생성된 경우로 주로 명사에서 동사가 생겨난 경우가 대부분이다. 역파생에 의해 조어된 단어는 다음과 같다.

beggar → beg, automation → automate
typewriter → typewrite, burglar → burgle
television → televise, editor → edit
peddler → peddle, lazy → laze, supervision → supervise
butcher → butch, housekeeper → housekeep, sailor → sail
escalator→ escalate

4) 기능 전환(Functional Shift)

OE에 ME에 걸쳐 영어의 굴절어미가 거의 소실됨으로 낱말을 한 품사에서 다른 품사로 전용하기가 매우 쉬워졌다. 한 낱말을 형태(form)의 변경 없이 한 품사에서 다른 품사로 바꾸어 사용하는 것은 기능전환이라고 하며 또 다른 명칭으로 **영의 파생**(zero-derivation) 또는 **전환**(conversion)이라고도 부른다.

water(물) (명사) → water(물주다: water the garden) (동사)
fish(물고기) (명사) → fish(고기 잡다) (동사)
walk(걷다) (동사) → walk(산책: take a walk) (명사)
milk(우유) (명사) → milk(젖을 짜다: milk a cow) (동사)
rich(부유한) (형용사) → (the) rich(부자) (명사)
ímplement(기구) (명사) → implemént(도구를 갖추다) (동사)

5) 절단(Clipping)

일명 **단축**(shortening)이라고도 하는데 단어의 일부를 잘라 버리고 일부만을 사용하는 조어법이다. 절단은 단어의 뒷부분을 잘라 버리는 경우, 앞부분을 잘라 버리는 경우 그리고 앞 뒤 모두 잘라 버리고 가운데 부분을 사용하는 경우가 있다.

math(mathematics)	exam(examination)	prof(professor)
lab(laboratory)	dorm(dormitory)	ad(advertisement)
photo(photograph)	odo(odometer)	gym(gymnasium)
condo(condominium)	taxi(taxicab)	disco(discotheque)
bike(bicycle)	piano(pianoforte)	gas(gasoline)
violin(violincello)	express(express train)	mike(microphone)

bus(omnibus)	ID (identification)	
van(caravan)	plane(airplane)	car(motor car)
Liz(Elizabeth)	flu(influenza)	phone(telephone)

6) 혼성법(Blending)

두 개의 낱말의 일부분을 잘라 버리고 일부분을 서로 합쳐서 새로운 낱말을 만드는 방법으로 현대영어에서 이 같은 낱말이 유행처럼 만들어지고 있다. 이렇게 만들어진 낱말을 blended word 또는 portmanteau word라고 한다. 구체적 예는 다음과 같다.

smog(smoke + fog)	brunch(breakfast + lunch)
motel(motorist + hotel)	slide(slip + glide)
telecast(television + broadcast)	twirl(twist + whirl)
escalator(escalate +elevator)	transistor(transfer + register)

Oxbridge(Oxford + Cambridge)
tigon(tiger + lion)
heliport(helicopter + airport)
Amerindian(America + indian)
liger(lion + tiger)
stagflation(stagnation + inflation)
Eurasian(Europe + Asian)
telebanking(telephone+banking)

그리고 최근에 쏟아져 나온 혼성어들은 다음과 같다.

polifessor(=politics + professor)
urinalysis(=urine + analysis)
remocon(=remote + control)
leports(=leisure + sports)
camcorder(=camera + recorder)
televangelist(=television + evangelist)
netizen(=network + citizen)
sportainment(=sport + entertainment)
bankassurance(=bank + insurance)
synergy(=synchronic + energy)
officetel(=office + hotel)
dica(=digital + camera)
videot(=video + idiot)
raftel(=raft + hotel)
Chindia(=China + India)
medicare(=medical + care)
kidult(=kid + adult)
agflation(agriculture+inflation)

7) 의성어(Onomatopoeia)

의성어는 자연의 소리를 모방하여 만든 말로 onomatopoeic word 또는 echoic word라고 한다.

cuckoo, ping pong, hiccup, gallop, gulp, twitter, tinkle, crackle, whiz, hum, moo, jingle, giggle, hiss, swing, pop, boom, meow, bow-wow 등이 있다.

자연음의 모방과 관련된 것으로서 소위 음의 상징(sound symbolism)이라는 것이 있는데 이는 직접적인 의성어는 아니지만 특정 음운과 의미와의 상호 연관성을 지닌다.

sn- (nose)

sneeze, snort, snuffle, snout, snarl, snivel, sniff, sneer, snore

-er (rapidly repeated rhythmic motion)

flicker, flutter, twitter, hover, quiver, shimmer

-ash (sudden rapid turbulent destructive motion)

crash, dash, smash, splash, flash

8) 두문자어(Acronym)

두문자어는 낱말의 첫 글자나 첫 부분을 따서 만드는 방법으로서 다음과 같은 예를 들 수 있으며 그 의미는 다음과 같다.

NATO(North Atlantic Treaty Organization) 북대서양 조약기구
ROTC(Reserve Officers' Training Corps) 예비 장교 훈련단
NGO(Non-governmental Officers) 비정부 민간요원
ISSN(International Standard Serial Number) 국제 표준 연속간행물 번호
ROM(Read Only Memory) 읽기만 가능한 메모리
RAM(Random Access Memory) 읽고 쓸 수 있는 메모리
COD(Chemical Oxygen Demand) 화학적 산소 요구량
FDA(Food and Drug Administration) 미국 식품 의약청
LCD(Liquid Crystal Display) 액정 표시 장치
PDP(Plasma Display Panel) 플라즈마 표시 장치
ARS(Automatic Response System) 자동응답 시스템
KBS(Korea Broadcasting System) 한국 국영방송

BRICs(Brazil, Russia, India, China) 신흥성장 4개국
CTS(Christian Television System) 기독교 텔레비전
GDP(Gross Domestic Product) 국내 총생산
TOEFL(Test of English as a Foreign Language)
TOEIC(Test of English for International Communication)
KO(Knock Out)
CVID(Complete, Verifiable, Irrecoverable, Destruction)
ILO(International Labor Organization) 구제 노동기구
FTA(Free Trade Agreement) 자유무역협정
UNICEF(United Nations International Children's Emergency Fund)
CEO(Chief Executive Officer) 최고 경영자

9) 고유 명사어(Proper Name)

인명이나 지명은 모두 고유명사에 해당된다. 영어의 Taylor, Smith, Clark, Wright 등은 직업을 나타내는 보통명사에서 유래된 성들이다. 또한 Northfield, Portsmouth, Fairmount 등의 지명 역시 보통명사에서 파생된 고유명사에 해당된다. Caesar는 로마의 줄리어스 시저를 가리키는데 이 인명은 Latin어 caedo(=to cut)라는 단어에서 유래된 이름인데 이는 그가 태어날 때 제왕절개에 의해 자궁을 가르고서 태어났기에 붙여진 재미있는 명칭이다. Caesar란 명칭은 나중에 황제(emperor)의 대용어로 사용되었고 나중에 독일어에서 차용되어 Kaiser란 단어로, 러시아어에서는 Tsar란 단어가 되었다.

영어에서 고유명사를 보통명사나 동사, 형용사로 만들어 쓰기도 하는데 이를 **환칭(antonomasia)**이라 부르기도 한다. 예를 들어 boycott란 단어는 집단적 거부를 뜻하는데 Ireland 토지 관리인 Captain Boycott에서 유래된 말이다. 그가 토지 관리인으로 있으면서 소작료를 주지 않아 소작인들에 의해 1880년

거세당한 데서 나왔다. sandwich란 단어도 영국의 Earl of Sandwich가 poker 놀이에 열중한 나머지 식사할 겨를이 없어 빵 사이에 고기를 대충 넣어 먹은 것에서 유래되었고 lynch란 단어 역시 18C 버지니아 주에 개인적인 체벌을 가한 Captain William Lynch에서 나왔다. Ohm(전기 저항의 단위), Shylock(냉혹한 고리대금업자), Don Juan(방탕아) 그리고 아주 최근에 사용되는 Xerox(복사기), Kleenex(화장지), Kodak(필름), Nylon, Vaseline 등이 있으며 Jumbo(거대한) 역시 큰 코끼리의 이름에서 유래한 환칭에 해당된다.

제4장

영어 음성학과 음운론

발음기관과 조음과정 | 음의 분류 | 영어의 자음 분류
영어의 모음 분류 | 음소(Phoneme)와 이음(Allophone)
음절(Syllable)의 구성 | 주요 음변화(Sound Change)
초분절 음소(Suprasegmental
Phonemes) | 음소배열론(Phonotactics)
음운적 자질(Phonological Features)
자질의 잉여성과 변별적 자질

제4장

영어 음성학과 음운론

발음기관과 조음과정 | 음의 분류 | 영어의 자음 분류 | 영어의 모음 분류
음소(Phoneme)와 이음(Allophone) | 음절(Syllable)의 구성 | 주요 음변화(Sound Change)
초분절 음소(Suprasegmental Phonemes) | 음소배열론(Phonotactics)
음운적 자질(Phonological Features) | 자질의 잉여성과 변별적 자질

1. 발음기관과 조음과정

인간의 허파는 말소리를 형성하게 되는 근원(source)이며 허파에서 밀려 나오는 기류(air stream)는 말소리의 원동력이 된다. 허파에서 나오는 공기의 흐름은 기관지(trachea or windpipe)를 거쳐 후두(larynx)안에 성대(vocal cords)라고 하는 얇은 두 개의 막 사이에 생긴 틈인 성문(glottis)을 통과하여 위로 올라가게 된다. 성문을 통과하여 인두(pharynx)에 올라온 공기의 흐름은 두 가지 방향의 출구가 있다. 하나는 인두를 지나서 구강(oral cavity)을 거쳐 입으로 나올 수도 있고, 인두를 거쳐 비강(nasal cavity)을 통하여 코로 나올 수도 있다. 입으로 나오는 소리를 **구강음(oral sounds)**이라 하고 코로 나오는 소리를 **비음(nasal sounds)**라고 하는데 /m/, /n/, /ŋ/이 비음에 해당된다.

인두 안에 있는 성대는 두 개의 얇은 막으로 되어 있는데 이 막에 의해 성문(glottis)이 열릴 수도 있고 닫힐 수도 있으며 닫혀 있을 때는 호기에 의해 성대가 진동하여 **유성**(voice)이라는 음을 내고 열려 있어 자유로이 통과하게 되면 기식(breath)이라는 음을 생성하며 중간적 상태에서는 whisper를 내게 된다.

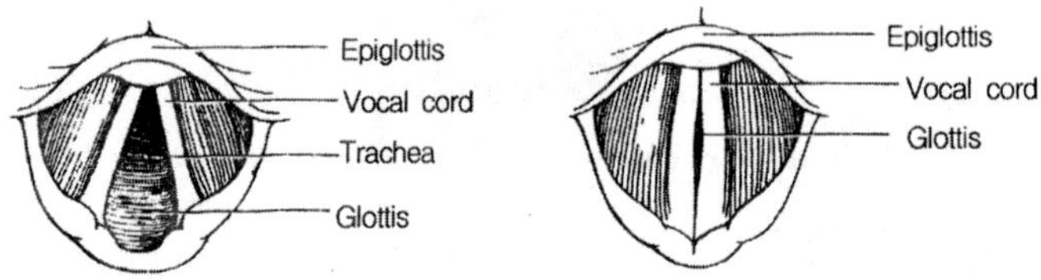

[그림 4-1] 진동원천: 휴지상태의 성대현(왼쪽), 진동상태의 성대현(오른쪽)

발음기관은 발성기관과 조음기관 및 공명기관으로 분류되는데 발성기관은 음을 만들어 내는데 직접 관련 있는 기관이고 조음기관은 음을 형성할 때 구강 내에서 어떤 형태로든 장애를 주는 기관이다. 그리고 공명기관은 성대에서 나온 음을 크게 울리게 하거나 확장시키는 기관에 해당하며 구체적으로 각 기관에 포함되는 요소는 다음과 같다.

조음기관(articulators): 입술, 치아, 혀, 잇몸, 경구개, 연구개, 목젖
발성기관(phonatory organ): 성대, 후두
공명기관(resonators): 구강, 비강, 인두

발음기관에 속한 구체적 명칭을 도해하면 아래 그림과 같다.

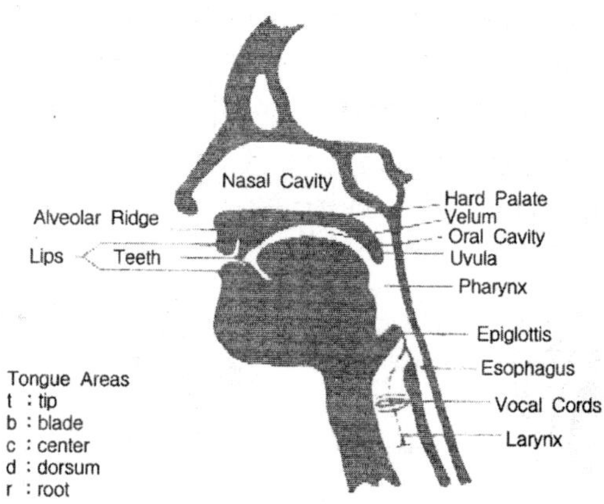

[그림 4-2] 발음 기관

2. 음의 분류

1) 자음과 모음

조음기관에 의해서 생성된 말소리는 자음과 모음으로 크게 구분될 수 있다. 모음은 조음기관의 방해 없이 비교적 호기가 자유롭게 혀의 중앙부를 통해 나가는 음이며 반면에 자음은 호기가 입 안에서 어떤 식으로든 방해를 받고 나는 소리이며 다음과 같이 모음과 자음은 서로 구별되는 특징을 갖고 있다.

〈모음〉

❶ 입안에서 호기가 방해받지 않고 자유로이 통과하며 조음된다.
❷ 모든 모음은 유성음, 지속음이다.
❸ 구강 통로를 통해 나가는 구강음(oral sound)이다.
❹ 말의 빠르고 느린 것은 모음에 더 의존한다.
❺ 모음은 자음보다 전달력이 높고 공명성이 높다.
❻ 모음은 음절핵이 되며 모음만으로는 음절을 형성할 수 없다.

〈자음〉

❶ 호기가 흐름이 차단되거나 장애를 받으며 조음된다.
❷ 유성음과 무성음으로 구성된다.
❸ 구강음(oral sound)과 비음(nasal sound) 두 가지 종류가 있다.
❹ 언어의 분별한 식별 능력은 모음보다 자음에 더 의존한다.
❺ 보통 음절을 형성하지 않는다.
❻ 자음은 음절의 시작과 끝 부분을 구성한다.
❼ 모음에 비해 공명성이나 전달력이 약하다.

2) 구강음과 비음

성도(vocal tract)에서 생성된 말소리가 구강 통로(oral passage)로 빠져나게 되면 구강음이 되고 비강 통로(nasal passage)로 나가면 비음이 된다. 구강음이 생성될 때는 목젖(uvula)이 인두(pharynx)의 벽에 닿아 비강 통로를 차단할 경우이다. 영어의 비음은 [m, n, ŋ] 3개만 존재한다.

3. 영어의 자음 분류

1) 자음분류의 기준과 분류도표

영어의 자음은 조음 위치(place of articulation)와 조음방법(manner of articulation), 그리고 성대의 진동 유무에 의해 분류된다. 조음 위치에 따르면

[표 4-1] 영어의 자음 체계표

조음점 / 조음 방법	양순음 (bilabial)	순치음 (labio-dental)	치음 (dental)	치경음 (alveolar)	경구개 치경음 (palato-alveolar)	경구개음 (palatal)	연구개음 (velar)	성문음 (glottal)
폐쇄음 (stop)	p b			t d			k g	
마찰음 (fricative)		f v	θ ð	s z	ʃ ʒ			h
폐찰음 (affricate)					ʧ ʤ			
비음 (nasal)	m			n			ŋ	
유음 (liquid)				l r				
전이음 (glide)	(w)					y(=j)	w	

입 바깥쪽에서부터 차례로 양순음(bilabial), 순치음(labio-dental), 치음(dental), 치경음(alveolar), 경구개 치경음(palato-alveolar), 경구개음(palatal), 연구개음(velar), 성문음(glottal)로 구분된다.그리고 조음방법에 따르면 폐쇄음(stop), 마찰음(fricative), 파찰음(affricate), 비음(nasal), 유음(liquid), 전이음(glide)으로 나누어진다. 영어의 자음 체계 도표를 일반적으로 제시하면 [표 4-1]과 같다.

2) 유성음과 무성음

영어의 모음은 모두 성대의 진동이 있는 유성음에 해당되나 자음은 무성자음과 유성자음으로 구분되는데 대부분이 유성음과 무성음이 짝(pair)을 이루고 있다.

무성자음: /p/, /t/, /k/, /f/, /θ/, /s/, /ʃ/, /ʧ/
유성자음: /b/, /d/, /g/, /v/, /ð/, /z/, /ʒ/, /ʤ/

다만 짝을 이루지 않는 경우는 무성자음의 /h/, 그리고 유성자음의 비음인 /m/, /n/, /ŋ/과 유음(liquid)인 /r/, /l/, 그리고 전이음(glide)인 /r/, /y/, /w/ 뿐이다. 무성음은 성대(vocal cords)의 진동이 없지만 유성음은 성대의 진동이 있는 음이다.

3) 조음 위치와 조음 방법

조음 위치는 자음이 조음될 때 기류가 방해를 받는 위치를 말하며 조음자(articulator)는 말을 할 때 입안의 움직이는 기관, 이를 테면 혀, 아랫입술, 아랫니, 아래턱 등을 가리킨다. 영어의 조음 위치에 따른 자음의 분류와 조음자와 조음 위치를 나타내면 다음과 같다.

❶ 양순음: 아랫입술+윗입술 /p/, /b/, /m/, /w/
❷ 순치음: 아랫입술+윗니 /f/, /v/
❸ 치음: 혀끝+윗니 /θ/, /ð/
❹ 치경음: 혀끝+치경 /t/, /d/, /s/, /z/, /n/, /r/, /l/
❺ 경구개 치경음: 전설+경구개와 치경 사이 /ʃ/, /ʒ/, /ʧ/, /ʤ/
❻ 구개음: 전설+경구개 /y/
❼ 연구개: 후설+연구개 /k/, /g/, / ŋ /, /w/
❽ 성문음: 성문 h

조음 방법에 의하면 폐쇄음은 호기의 흐름을 입안에서 완전히 차단하였다가 한꺼번에 방출하여 파열하는 음이다. 이 음의 조음 단계는 좀 더 구체적으로 언급하자면 i) **폐쇄단계**, ii)**압력 형성 단계**, iii) **파열 단계**로 구분되어 첫째 단계를 중심으로 붙인 이름이 폐쇄음이고 마지막 단계를 중심으로 한 이름은 파열음이다. 따라서 폐쇄음이나 파열음은 동일한 음을 두고 가리키는 명칭이며 영국 음성학자들은 주로 파열음이란 명칭을 사용한다. 다음의 그림은 폐쇄음의 조음 과정을 나타낸다.

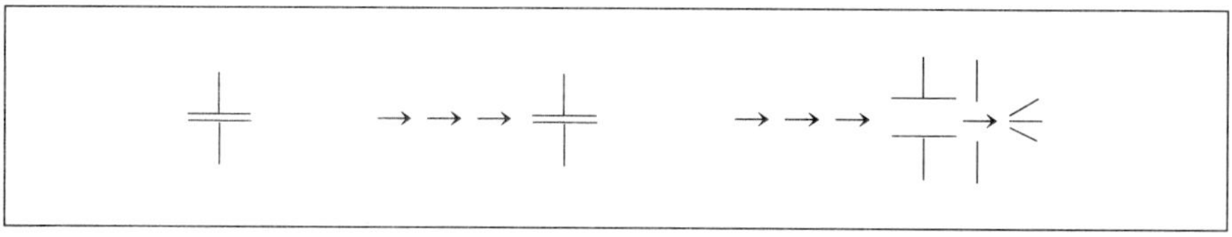

[그림 4-3] 폐쇄음의 조음 단계

영어의 폐쇄음은 /p/, /t/, /k/, /b/, /d/, /g/의 6개이며 /p/, /b/는 양순 폐쇄음(bilabial stop)에 해당되고 /t/, /d/는 치경 폐쇄음(alveolar stop)이고 /k/, /g/는 연구개 폐쇄음(velar stop)이다.

마찰음(fricative)은 입술이나 혀 같은 조음자(articulator)가 조음 위치에 아주 가까이 접근하게 될 때 공기의 통로가 아주 좁아지게 된다. 이 좁은 틈 사이로 기류가 통과하게 될 때 공기의 흐름이 부분적 장애를 받아 마찰을 일으켜 나는 소리이다. 영어의 마찰음 /f/, /v/, /s/, /z/, /θ/, /ð/, /ʃ/, /ʒ/, / ŋ /의 9개로 자음 중 가장 수가 많다. /f/, /v/는 순치 마찰음(labiodental fricative), /θ/, / ð /는 치간음 또는 치간마찰음(interdental or dental fricative), /s/, /z/는 치경 마찰음(alveolar fricative), /ʃ/, /ʒ/는 경구개치경 마찰음(alveo-palatal fricative), / ŋ /는 성문 마찰음(glottal fricative)에 해당된다.

폐찰음은 /ʧ/와 /ʤ/ 단 두개뿐이며 각각은 하나의 음소로 분류된다. 음소는 하나로 인식되지만 조음상 음의 성질은 폐쇄음(파열음)과 마찰음이 합쳐서 생성되는 음이며 church나 judge 등의 단어에서 찾아볼 수 있고 음성학자에 따라 /č/, /ĵ/로 표기하기도 한다.

영어의 유음(liquid)은 /l/과 /r/이 있다. 유음은 공기가 입안에서 장애를 받기는 하나 마찰음이나 폐찰음 같이 마찰을 일으킬 정도는 아니다. /l/음은 조음 혀끝을 치경에 대고 조음하기에 입 가운데로 지나지 못하고 혀의 양쪽 측면을 지나기에 설측음(lateral)이라고 한다. 반면 /r/은 혀끝을 경구개 방향을 향해 약간 구부려 발음하기에 반전음(retroflex sound)라고 한다.

마지막으로 전이음(glide)은 조음 위치가 한 자리에 고정되어 있지 않고 후속하는 모음을 향하여 혀가 미끄러지듯이 옮겨가기에 일명 활음, 이동음, 추이음 등 여러 가지 명칭이 있다. 또한 모음과 같이 입안에서 별 장애를 받지 않고 조음되기에 반모음(semivowel)이라고도 한다.

4. 영어의 모음 분류

1) 모음 분류의 기준과 모음 분류표

전통적으로 영어의 모음은 다음과 같은 4가지 기준에 의해 분류된다.

- 혀의 높낮이(tongue height): 혀의 위치가 입안에서 높은가, 낮은가?
- 혀의 위치(tongue position): 혀가 입의 앞, 뒤 어디에 위치하는가?
- 입술의 원순성(lip rounding): 입술의 둥글기의 여부
- 혀의 긴장도(tenseness of tongue): 혀의 긴장 또는 이완 여부

혀의 높낮이와 전후 위치에 의한 영어 모음의 분류 도표를 제시하면 다음과 같다.

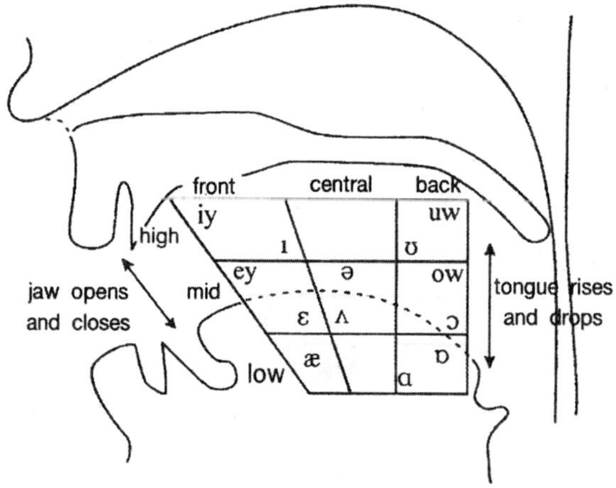

[그림 4-4] 영어 모음의 혀의 위치(Celce-Murcia 외 2인 1996: 95)

혀의 높낮이 기준에 의하면 영어의 모음은 고모음(high vowel), 중모음(mid vowel), 저모음(low vowel)로 나누어진다. 영어 단어 keen, kin, name, net, ran을 차례로 발음해 보면 혀가 점점 낮아지고 턱도 아래로 내려가는 것을 느낄 수가 있다. 또한 후모음에서도 boot, book, boat, bought, pot의 발음 시 혀가 낮아지고 턱이 내려가는 것을 알 수 있다. 즉 영어의 고모음에는/iy, ɪ, uw, ʊ/가 있고 중모음에는 /ey, ɛ, ə, ʌ, ow, ɔ/가 있으며 저모음에는 /æ, a/가 있다.

혀의 전후 위치상으로 볼 때 전설모음(front vowel), 중설모음(cental vowel), 후설모음(back vowel)로 분류된다. 전설모음에는 /iy, ɪ, ey, ɛ, æ/가 있으며 중설모음에는 /ə, ʌ/가 있고 후설모음에는 /uw, ᴜ, ow, ɔ, a/가 있다.

입술의 원순성에 의하면 원순 모음(rounded vowel)과 비원순 모음(unrounded vowel)로 분류되는데 원순 모음은 입술이 공같이 둥글게 되는 경우로서 후설모음은 /a/를 제외하고 모두 원순모음이며 전설모음과 중설모음은 모두 비원순 모음에 속한다. 다음 Dauer(1993: 23)의 원순, 비원순모음의 분류 도표를 제시해 본다.

[표 4-2] 영어의 원순모음과 비원순 모음(Dauer 1993: 23 참조)

비원순 모음		원순 모음
전설모음	중설모음	후설모음
iy ɪ ey ɛ æ	ə ʌ	uw ᴜ ow ɔ (a)

혀의 긴장도의 기준에 따르면 긴장모음(tense vowel)과 이완모음(lax vowel)로 분류된다. beat와 bit를 발음해 볼 때, 전자가 후자보다 훨씬 혀가 진장되는 것을 느낄 수 있다. 영어의 장모음이나 이중모음 성격은 모두 긴장모음에 해당되며 /iy, ey, ow, uw, a, ɔ, ɒ/가 긴장모음, /ɪ, ʊ, ɛ, æ, ʌ/는 이완모음이다.

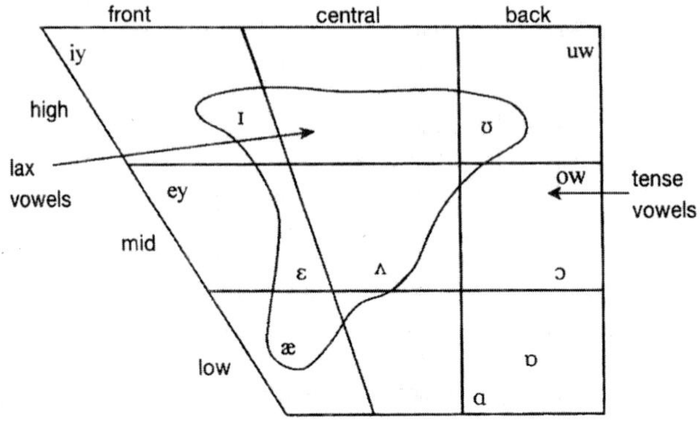

[그림 4-4] 영어의 긴장 모음과 이완모음

(Celce-Murcia 외 2인 1996: 96, Ladefoged 1993: 38 참조)

2) 영어의 이중모음(Diphthong)

영어의 이중모음은 한 모음에서 다른 모음을 향해 이동하는 음으로 대표적으로 /ay/, /ɔy/, /aw/가 있으며 /ay/, /aw/는 후설모음 쪽으로 이동한다. 각 이중모음에 해당되는 단어를 예시하면 아래 도표와 같다.

이중 모음	이중 모음이 포함된 예
[ay]	buy, write, hite, ride, pine, fine
[aw]	bough, bout, brown, blouse, how
[ɔy]	boy, soil, toy, boy, choice

그러나 이 전설모음과 후설모음으로 행하는 이중모음 외에도 중설모음 쪽으로 향하는 이중모음도 있다. 이를테면 here, Mary, tour, /iə/, /ɛə/, /uə/ 등은 중설이중모음에 해당한다.

3) 영어의 모음 표기

모음은 자음의 경우와는 달리 그 조음 생성이 유동적이어서 각 모음에 해당하는 명확한 조음 위치를 확정하기가 어렵다. 따라서 학자간의 모음 분석 및 표기법이 다양하므로 아래 비교 도표를 참고할 필요가 있다.

[표 4-3] 여러 학자들의 영어 모음 표기 비교(Ladefoged 1993: 76 참조)

주요 단어	이 책	IPA	Ladefoged	Kenyon & Knott	Prator & Robinett	Gimson/Jones EPD 14
beat	iy	iː	i	iy	i	Iː
bit	ɪ	ɪ	ɪ	ɪ	ɪ	i
bait	ey	eɪ	ɪe	e	ey	ei
bet	ɛ	e	ɛ	ɛ	ɛ	e
bat	æ	æ	æ	æ	æ	æ
pot	ɑ	ɒ	ɑ	ɑ	ɑ	ɑ
bought	ɔ	ɔː	ɔ	ɔ	ɔ	ɔː
boat	ow	əʊ	oʊ, əʊ	o	ow	ou
put	ʊ	ʊ	ʊ	ʊ	u	u
boot	uw	uː	u	u	uw	uː
butt	ʌ	ʌ	ʌ	ʌ	ə	ə
bird	əɽ	ɜː	ɝ, ɜ	əɽ	ə	əː
bite	ɑy	ɑɪ	ɑɪ	ɑɪ	ɑy	ɑi
bout	ɑw	ɑʊ	ɑʊ	ɑʊ	ɑw	ɑu
boy	ɔy	ɔɪ	ɔɪ	ɔɪ	ɔy	ɔi

5. 음소(Phoneme)와 이음(Allophone)

언어음(speech sound)에는 두 가지 종류가 있다. 하나는 물리적으로 존재하여 우리가 실제로 발음할 수 있는 구체적 소리이고, 다른 하나는 우리 머릿속에 추상적으로 존재하여 실제로 발음할 수 없고 다만 심리적 실체로서 인식되는 소리이다. 전자를 가리켜 음(phone)이라 하고 후자를 음소(phoneme)라고 한다.

예를 들어 '꽃'이라는 단어를 예로 들어 보자. 꽃이라는 단어에는 만질 수 있고 향기를 냄새 맡을 수 있는 장미꽃, 백합꽃, 진달래꽃, 목련꽃 등 여러 종류의 꽃이 있다. 이처럼 이 세상에 실존하면서 우리가 물리적으로 만지고 냄새 맡고 감상할 수 있는 여러 가지 종류의 꽃을 음(phone)이라면 우리의 인지구조 속에서 세상에 존재하는 여러 꽃의 공유된 특성을 가진 개념으로서 꽃이 존재하는데 이 같은 추상적이고 심리적 실재가 음소(phoneme)에 해당된다. 음성학은 세상에 존재하는 구체적이고 실재하는 소리의 물리적 속성을 연구하는 분야이고 음운론은 추상적으로 존재하는 소리의 체계와 유형을 연구하는 학문이다.

음소는 다른 음과 대조를 이루어 의미의 차이를 나타내는 최소의 단위이다. 예를 들어 dime과 dine, fine과 vine의 각기 두 낱말은 발음이 /m/과 /n/이 그리고 /f/와 /v/가 같지 않기 때문에 뜻이 다르다. 따라서 /m/, /n/, /f/, /v/는 모두가 의미상의 차이를 가져오는 영어의 독립된 음소들이다.

이제 음소와 이음의 개념을 대조적으로 살펴보자. pin, spin, stop의 세 단에서 나타내는 /p/음은 단어 내에서 나타나는 위치에 따라 실제 소리는 다음과 같이 조금씩 달리 발음된다.

❶ *p*in [pʰ] ………………… aspirated(기식음, 대기음) #________ [P_1]
❷ s*p*in [p=] ………………… unaspirated(비기식음) s________ [P_2]
❸ sto*p* [p˺] ………………… unreleased(비개방음) ________# [P_3]

(# 단어경계를 나타냄)

pin에 p 발음은 강한 기식(aspiration)을 동반하지만 spin의 p는 폐쇄되어 비개방음으로 소리 나게 된다. 이같이 같은 p지만 음 환경에 따라 실제적으로 조금씩 달리 소리 나는 각각의 실제음을 이음(allophone)이라고 부르고 [P_1],

$[P_2]$, $[P_3]$...의 실제음을 대표하는 추상적 대표음이 /p/ 음소인 것이다.

음소를 설정하는데 작용하는 대표적인 원리와 기준으로는 대립의 원칙(principle of contrasts), 상보적 분포의 원리(principle of complementary distribution), 동형성의 원리(principle of pattern congruity)가 있다. 대립의 원칙은 동일한 음성 환경에서 대립을 이루게 되면 이 음들은 각각 별개의 음소로 인정된다는 것이며 예를 들어, fine과 vine은 음성적 환경은 동일한데 의미의 차이가 생기는 것은 /f/와 /v/ 소리 때문이다. 이같이 최소 대립어(minimal pair)에서 대립을 이루는 소리들은 각각 음소로 인정된다. 상보적 분포의 원리는 어떤 음들이 분포적으로 동일 음성 환경에만 일어나고 다른 환경에서는 절대로 일어나지 않을 때 상보적 분포 관계에 있다고 한다. 예를 들어, 위에서 pin의 p에 해당하는 발음 $[p^h]$은 spin의 s 바로 다음에선 절대로 발음될 수 없고 stop의 음절 말 발음에서도 절대로 소리 날 수 없다. 이처럼 상보적 분포를 보이는 소리들이 뜻의 차이를 가져오지 않으면서 음성적으로 유사성이 있으면 한 음소의 이음으로 분류된다.

음소와 이음의 차이를 도표를 통해 비교하면 다음과 같다.

[표 4-4] 음소와 이음의 차이

음 소	이 음
추상적, 심리적 단위로 비 실제음	음성적 실체를 가진 물리적 단위로서 실제음
서로 교환해서 발음하면 의미 차이 초래	서로 교환해서 발음해도 의미 차이가 없음
최소의 대립어와 같은 동일한 음성환경에서 일어나며 서로 대립을 이룸	상보적 분포나 자유변이를 나타나며 이음이 발음되는 환경을 예측 불가
항상 음성적 유사성이 있는 것은 아님	음성적으로 유사(phonetically similar)
음소는 / /로 표시	이음은 [ ]로 표시

6. 음절(syllable)의 구성

영어의 자음과 모음은 공명도(sonority)면에서 볼 때 모음이 훨씬 높다. 따라서 모음은 자음에 비해 더 큰 소리로 더 멀리까지 전달되게 된다. 그래서 자연히 모음이 음절의 중심이 된다. 음절의 중심으로서 정점을 이루는 음을 **음절 핵음**(syllable nucleus)이라고 한다. 따라서 모음은 대부분의 경우에서 음절의 봉우리(syllable peak)를 이루게 되고 자음은 골(valley)을 이루게 된다. 그러므로 음절의 정점 즉 봉우리 수가 음절 수를 결정하게 된다.

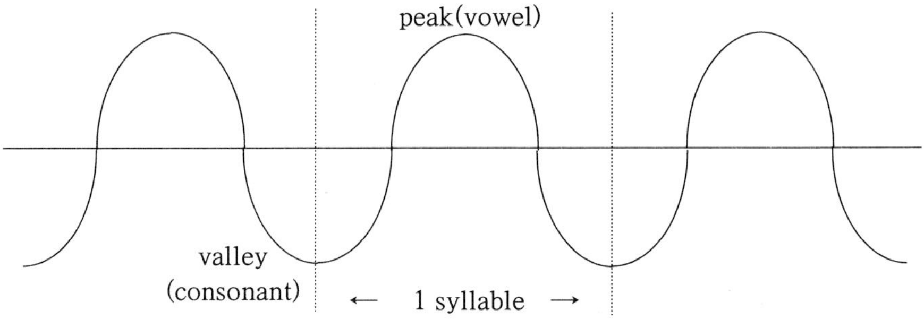

음절의 봉우리 즉 정점은 주로 모음이 차지하지만 모음 외에 유음(liquid)이나 비음(nasal)같은 자음도 정점이 될 수 있는데 음절 정점이 된 자음을 **성절자음**(syllabic consonant)이라고 한다.

예를 들어 prism[prizm], button[bʌtn], little[lɪtl]에서 /m, n, l/은 모음은 아니지만 인접한 /z/, /t/보다 상대적 공명도가 높기에 음절 정점이 될 수 있으며 성절자음은 [ˌ]기호로 표시하게 된다.

음절을 결정하는데 중요한 역할을 하는 것이 공명도인데 Ladefoged(1993)가 제시한 영어, 자음 및 모음의 공명도는 아래 그림과 같다.

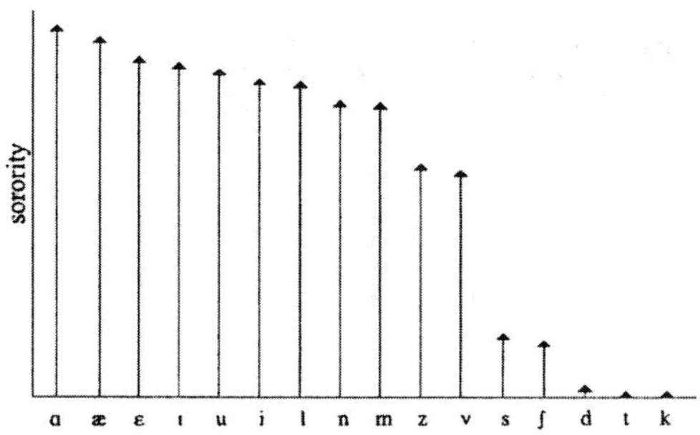

〈공명도의 순서〉

❶ 저모음 /a, æ/
❷ 중모음 /ɛ, ɪ/
❸ 고모음 /u, ɪ/
❹ 유음 /l, r/
❺ 비음 /M, N, ŋ/
❻ 유성마찰음 /V, Z, ʒ, ð
❼ 무성마찰음 /f, s, ʃ, ɵ/
❽ 유성폐쇄음 /b, d, g/
❾ 무성폐쇄음 /p, t, k/

[그림 4-5] 모음과 자음의 공명도(Ladefoged 1993: 222)

7. 주요 음변화

1) 동화(Assimilation)

동화는 한 음이 인접음의 영향을 받아서 그와 똑같거나 비슷한 소리로 변화되는 현상을 가리킨다. 영어의 동화를 동화방향에 따라 분류하면 순행동화, 역행동화, 상호동화로 나누어진다.

(1) 순행동화(Progressive Assimilation)

순행동화를 일명 전진동화(Forward Assimilation)라고도 하는데 뒤에 오는 음이 이웃하는 앞의 음의 성질을 닮아서 앞의 음과 같거나 비슷한 성질의 음이 되는 현상이다. open[oupn]에서 [n]이 앞에 인접하는 [p]음의 영향을 입어서 조음 위치상 동일한 [m]으로 바뀌어 [oupm]으로 발음되는 것이다.

영어에서 순행동화에 해당하는 대표적 예는 명사의 복수형, 동사의 3인칭 현재단수, 동사의 과거형 등의 발음에서 찾아볼 수 있다.

(a) 명사의 복수형 : cat*s*, cap*s*, dog*s*, door*s*

(b) 동사의 3인칭 현재단수 : walk*s*, pat*s*, play*s*, listen*s*

(c) 동사의 과거형 : kick*ed*, stopp*ed*, learn*ed*, kill*ed*

(2) 역행동화(Regressive Assimilation = Backward Assimilation)

역행동화는 인접하고 있는 앞의 음이 뒤의 음을 닮아서 뒤의 음과 같거나 비슷한 음으로 바뀌는 현상이다. 역행동화의 구체적 예를 들면 다음과 같다.

(a) have to[hæv tə] → [hæf tə] : /v/ → /f/

(b) income[ɪn kʌm] → [ɪŋ kʌm] : /n/ → /ŋ/

(c) used to[juzd tə] → [just tə] → [justə] : /d/ → /t/ → ø

(d) sit down[sɪt daun] → [sɪd daun] → [sɪdaun] : /t/ → /d/ → ø

(e) width[wɪdθ] → [wɪtθ] : /d/ → /t/

영어의 부정 접두어에서도 피동화음이 조건음과 닮아지는 역행동화 현상을 찾아 볼 수 있다.

(f) i*nd*ifferent, i*ns*ecure, i*nd*irect, i*nd*iscriminate

(g) i*mp*ossible, i*mp*erfect, i*mm*oral, i*mm*ature

(h) i*ll*egal, i*ll*iterate, i*ll*egible, i*ll*icit

(i) i*rr*egular, i*rr*ecoverable, i*rr*elevant, i*rr*esponsible

(3) 상호동화(Reciprocal Assimilation)

상호동화는 조건음과 피동화음이 서로 영향을 주어 두음을 닮은 새로운 음으로 변화하는 현상이다. 그 예는 다음과 같다.

(a) picture[pɪktjuə]→[pɪktʃə] : /t+j/→/ʧ/

(b) grandeur[grændʒə] : /d+j/→/ʤ/

(c) meet you[mi:t ju]→[mi:tʃu] : /t+j/→/ʧ/

(d) mansion[mænsjən]→[mænʃən] : /s+j/→/ʃ/

위의 상호동화에서 모든 예는 구개음화(palatalization) 현상에 해당되기도 한다.

2) 구개음화(Palatalization)

영어의 치경음 /t/, /d/, /s/, /z/ 뒤에 전이음 /y/나 /ɪ/가 후속할 때 원래 치경음이 발음되는 조음 위치보다 전이음 /y/가 발음되는 경구개 부근에서 조음된다.

/t, d, s, z/+/ɪ, y/ → /ʧ, ʤ, ʃ, ʒ/

위의 규칙에 해당되는 예를 들면 다음과 같다.

(a) Did you go there? → Didja go there?

(b) Won't you play with me? → Woncha play with me?

(c) Didn't you know? → Didncha know?

[표 4-5] 영어 구개음화의 예

음운 규칙	단 어	소리변화
/s+y/→ʃ	miss you bless you	/'mɪs yu/→['mɪʃu]→['mɪʃə] /'blɛs yu/→['blɛʃu]
/z+y/→ʒ	sees your (friend) loves you	/'siz yər/→[siʒər] /'ləvz yu/→['ləvʒu]→['ləvʒə]
/t+y/→ʧ	ate your (dinner) bet you ($10) won't you	/'eyt yər/→[eyʧər] /'bɜt yu/→['bɜʧə] /wownt yu/→[wownʧə]
/d+y/→ʤ	made your (bed) did you (do it) would you	/'meyd yər/→['meyʤər] /'dɪd yu/→['dɪdʒər] /'wuwd yu/→['wuwdʒə]

3) 음위 전환(Metathesis)

어떤 음이 서로 자리가 바뀌어 발음되는 현상으로 부주의한 말씨(careless speech)
나 어린이들의 혀 짧은 발음에서 자주 나타나는 현상이다.

relevant[reləvənt]→[revələnt]

cavalry[kævəlri]→calvary[kælvərɪ]

prodigy[prɔdɪʤɪ]→progidy[prɔʤɪdɪ]

tragedy[træʤɑdɪ]→tradigy[trædəʤɪ]

animal[ænɪməl]→amanil[æmənɪl]

a crushing blow → a blushing crow

conquering kings → kinquering congs

음위 전환이 역사적인 예를 들면 다음과 같다.

OE	Mod. E
æks	ask[æsk]
brid	bird[bəːrd]
hros	horse[hɔːrs]
pridda	third[θəːrd]
gærs	grass[græs]

4) 음의 탈락(Deletion)

구어나 빠른 말씨에서 노력을 줄이기 위한 방안으로 자음을 탈락시키는 경우가 자주 있다. 어떤 경우에 탈락되는지 살펴보면 다음과 같다.

(1) 2개의 동일 자음이나 유사 자음이 겹치게 될 때

gas station [gæsteɪʃən]

first time [fəːrstaɪm]

ice skating [aɪskeɪtɪŋ]

gráb ball [græbɔl]

hot tea [hɑti]

band shell [bænʃɛl]

must do [mʌsdu]

left field [lɛf fiːld]

past president [pæs prɛzɪdənt]

spend money [spænmənɪ]

kept quiet [kɛpkwaɪət]

told Bob [toulbɑb]

cupboard [kʌbbəd]

(2) 3개 이상 자음군(consonant cluster)에 중간음이 탈락

acts[ækts] → [æks]

lengths[lɛŋθs] → [lɛŋs]

months[mʌnθs] → [mʌns]

lifts[lɪfts] → [lɪfs]

accept[əksɛpts] → [əksɛps]

hands[hænds] → [hænz]

(3) 접미사가 첨가된 파생어나 복합어에서

kindness [kaɪnnɪs]

softness [sɔfnɪs]

text book [tɛks bʊk]

postman [poʊs mən]

missed chance [mɪs ʧæns]

5) 음의 삽입(Insertion)

영어에서 자음군을 이루게 될 때 자음 사이에 모음 첨가(prothesis)가 이루어질 수 있다.

film[fɪlm] → [fɪləm]

chasm[kæzm] → [kæzəm]

cycle[saɪkl] → [saɪkəl]

scream[skrɪm] → [səkrɪm]

영어에서 약모음으로 끝나는 낱말 뒤에 모음 시작하는 낱말이 올 때 자음/r/을 삽입하는데 이는 모음 충돌을 회피하기 위한 것이며 이를 **침입음** r(intrusive 'r')이라고 부른다.

The idea of → /ðɪ aɪdɪərəv/

China office → /tʃaɪnərɔfɪs/

saw a man → /sɔrəmæn/

law office → /lɔrɔfɪs/

Ida and Mary → /aɪdəræn mɛrɪ/

한편 something, length, strength, sense, cream cups 등에서는 잉여음이 삽입되어 /səmpeɪŋ/, /lɛŋkθ/, /strɛŋkθ/, /sɛnts/, /krimpkʌps/로 발음되기도 하는데 부주의한 말씨에서 흔히 잉여음이 삽입되게 된다.

6) 구어체상의 축약(Contraction)

영어 구어체에서 자주 쓰이는 표현 want to, be going to 같은 구들은 소리의 변환을 겪게 되어 이에 익숙지 않으면 청해가 어렵게 된다.

(a) want to → wanna	I wanna sleep
(b) going to → gonna	I am gonna visit my uncle
(c) got to → gotta	I've gotta go now
(d) have to → hafta	I hafta work late
(e) has to → hasta	I hasta leave here
(f) ought to → oughta	You oughta believe
(g) don't know → dunno	I dunno what to do

7) 중화(Neutralization)

중화란 음소 단위의 대립을 없게 하는 현상인데 대립되는 두 분절음이 어떤 환경에서 대립되지 않고 그 중 어느 하나와 같아지는 음운 현상이다.

그 예로 write와 rider에서 /t/, /d/는 원래 설단음(flapped) [ɒ]로 발음된다. 따라서 write, rider 모두 [raɪɒər]로 발음된다. 또한 영어의 각 모음은 강세를 받을 때는 제 음가대로 발음되지만 비강세 위치에서는 슈와 모음 /ə/로 약화된다. 따라서 영어의 각 모음은 비강세 위치에서 /ə/와 대립되지 않는데 이러한 현상을 중화(中和)라고 한다.

8) 이화(Dissimilation)

이화는 동화와는 반대 현상으로서 한 낱말에서 같은 음이나 비슷한 음이 가까이 있을 때 그 중 어느 하나가 성질이 다른 소리로 바뀌어지거나 탈락되어 없어지는 경우를 가리킨다. 이를 테면 February, library, government 등의 단어에서 첫 /r/ 음이 탈락되거나 government에서는 첫째 비음 /n/이 탈락되는데 같거나 유사한 음의 중복을 기피하는 현상이다.

February[februərɪ] → [febuərɪ]
library[laɪbrərɪ] → [laɪbərɪ]
secretary[sɛkrətɛrɪ] → [sɛkətɛrɪ]
government[gʌvɚnmənt] → [gʌvɚmənt]

영어 단어 colonel도 /kəlɔnəl/ → /kərənəl/ → /kənəl/로 변화를 거쳤는데 역시 이화현상의 한 예이다.

8. 초분절 음소(Suprasegmental Phoneme)

영어의 자음과 모음에 해당하는 개별음소들을 분절음소(segmental phoneme)에 해당된다. 이 같은 분절음소들이 연결되어 발화(utterance)로 나타날 때는 강세(stress), 고저(pitch), 연접(juncture) 등이 동시에 덧 씌어져 나타난다. 이것들은 초분절 음소(suprasegmental phoneme)이라고 한다. 강세는 내부개방연접(internal open juncture)와 함께 강세형(stress pattern or superfix)을 이루고 고저는 3가지 말미연접(terminal juncture)과 함께 억양(intonation)을 이룬다.

분절음소의 차이가 뜻의 차이를 가져오듯이 초분절 음소에 해당되는 강세도 뜻의 차이를 나타내어 주기에 음소라고 규정할 수 있다. 이를 테면 White Hòuse는 백악관이고 whìe houśe는 지붕이 흰 집이란 뜻이며 ìmplemént와 implement는 명사와 동사의 뜻이다. 이처럼 강세도 의미차이를 가져오는 음소에 해당된다.

1) 강세(Stress)

영어의 강세를 좀 더 자세하게 구분하면 4가지 강세가 있다.

제 1강세(Primary Stress) / ´ /
제 2강세(Secondary Stress) / ˆ /
제 3강세(Tertiary Stress) / ` /
제 4강세(Weak Stress) / ˇ /

그러나 어 강세(word stress)에 있어서는 / ´ /, / ` /, / ˇ /의 세 가지만 쓰인다. 예를 들면 legendary, socialized, interruption 등이 있다. 그리고 약 강세는 간혹 생략할 때도 있다.

문법적 강세형을 살펴보면 4가지 대표적 형태를 들 수 있다.

❶ 제 1형 : / ´ + ` / : primary + tertiary

영어의 복합명사(compound noun)는 제 1형에 속한다. 예를 들어 green house(온실), White House(백악관), blackbird(새 이름), paperback, high school, diningroom, salesman, shoe store 예외 : New York, New Deal, Long Island

❷ 제 2형 : / ˆ+´ / : secondary + primary

이 강세형은 주로 수식어(modifier)+명사 형식에서 나타난다.

sick nerse, poor girl, black bird, pretty girl
English teacher(= a teacher from England)
smoking room(= a room which is on fire)
high chair(= a chair that is high),
dancing girl(= a girl who is dancing)

그러나 English teacher, smoking room, high chair, dancing girl이 되면 복합 명사로 영어선생, 흡연실, 어린이용 의자, 무희의 뜻이 된다.

❸ 제 3형 : / ˆ+´ / : 동사+명사(목적어)

They play cards.

They are shooting dice.

❹ 제 4형 : / ˆ+´ / : 동사+부사

You can go out.

You have to look it up.

You must shook up the mixture.

2) 억양(Intonation)

억양은 음조라고도 하며 음의 고저(pitch)와 말미연접(terminal juncture)이 합한 것에 해당된다. 고저는 다음 4가지 단계로 구분된다.

초고음(Extra high pitch) : 4
고음(High pitch) : 3
중음(Mid pitch) : 2
저음(Low pitch) : 1

고저의 4가지 단계 중 일상대화에서는 1, 2, 3을 주로 사용하며 화자가 어떤 부분을 특히 강조하거나 특수한 감정의 상태 이를 테면 분노, 흥분, 놀라움, 공포 등의 상태에서는 4가 사용될 수 있다. 보통 발화를 시작할 때는 2로 시작하여 발화를 종결할 때는 1로 끝나게 된다.

고저를 표시할 때는 위와 같이 숫자로 표시할 경우 외에 등고선(contour)으로 표시하는 방법이 있다.

What are you doing now?

The library closes at nine.

억양의 형태에는 3가지 주요 유형이 있다.

❶ 231↓(=#)형(The Rise-Fall Intonation)

이 억양 형태는 영어의 서술문(statement), 명령문(imperative), 의문사 의문문(question word question)에서 사용된다.

We went to the park.

Don't drive so fast.

where are you going?

❷ 233↑(=‖)형(The Rising Intonation)

Yes/No의 답을 요구하는 일반 의문문에서 주로 사용되며 구나 절이 문두에 나타날 때도 사용되기도 한다.

Did you finish the report?

You mean you can come?

If you can come, In short

❸ 232→(=|)(The Incomplete Intonation)

이 억양 형태는 주로 구나 절의 말미부분 즉 comma로 나타내는 가벼운

pause가 올 때 나타나며 pitch level이 (1)로 하강해서 사라지지 않고 (2)나 (3)으로 남게 된다.

When the flood came, the people moved to higher ground.

I hear the noise, but I can't locate the source.

연접에는 4가지 형태가 있다. 그 중 3가지는 말미연접(terminal juncture)에 해당되고 나머지 하나는 내부 개방연접(internal open juncture)에 해당된다.

❶ 하강 말미연접(Falling terminal juncture) : /↓/ (=#)
❷ 상승 말미연접(Rising terminal juncture) : /↑/ (= ‖)
❸ 지속 말미연접(Sustained terminal juncture) : /→/ (= |)
❹ 내부 개방연접(Internal open juncture) : /+/

위의 4가지 연접 중 ❶~❸은 문장의 발화에서 주로 사용되고 ❹는 단어내부나 단어 사이에서 일어난다. 예를 들어 funny의 발음에는 내부 개방연접이 존재하지 않으나 kindness에는 존재하게 된다.

funny[fʌnɪ] kindness[kaɪnd+nɪs]
Ice Cream[aɪs+krim] I scream[aɪ+skrim]
a nice man[ə+naɪs+mæn] an ice man[ən+aɪs+mæn]
nitrate[naɪtreɪt] night rate[naɪt+reɪt]

9. 음소 배열론(Phonotactics)

각 언어는 그 언어 나름대로의 특유한 음소 결합에 대한 제약을 가지고 있다. 영어에는 [mb], [nd] 음으로 시작되는 단어는 찾아 볼 수 있다. 또한 [ŋ]의 발음으로 시작되는 단어도 전혀 존재하지 않는다. 이 처럼 영어는 음소가 결합하여 음절이나 단어를 형성할 때 어떤 규칙의 제약을 받는다는 것을 알 수 있다. 이 같이 음절에서 소리의 결합에 대한 제약을 연구하는 분야가 음소 배열론이다. Pennington(1996)이 제시한 영어의 음절유형을 살펴보면 다음 도표와 같다.

[표 4-6] 영어의 음절유형(1996: 128~129참조)

단어	유형	단어	유형	단어	유형	단어	유형
I	V	pi	CV	prom	CCVC	spits	CCVCC
in	VC	pin	CVC	proms	CCVCC	split	CCCVC
ink	VCC	pint	CVCC	prompt	CCVCCC	splint	CCCVCC
inks	VCCC	pints	CVCCC	prompts	CCVCCCC	splints	CCCVCCC

영어 음절에서 두음이나 발음에서 2개 이상의 자음이 연속적으로 나타나는 자음군이 올 수 있다. spring처럼 두음에서 나타나는 자음군을 어두 자음군(initial consonant cluster)이라 하고 inks처럼 음절말에 오는 자음군을 어말 자음군(final consonant cluster)이라고 한다. 영어의 어두자음군에는 최대한 자음이 세 개까지 올 수 있으며 어말 자음군은 굴절어미가 첨가될 경우를 포함해서 prompts처럼 최대 4개까지의 자음이 올 수 있다. 또한 영어는 자음을 거느리지 않고 모음 하나만으로도 음절을 구성할 수 있다.

영어의 음절구조 : (C)(C)(C) v (C)(C)(C)(C)

영어의 어두 자음군은 최대 3개의 자음이 올 수 있는데 어두자음군에는 제약이 존재한다. 어두자음군이 3개 올 때 제일 먼저는 /s/음이 오고 그 다음에는 /p/, /t/, /k/의 세 개의 폐쇄음 중 어느 하나가 오며 마지막에는 glide인 /w/, /y/와 /r/, /l/의 유음이 나타난다.

$$/s/ + \left[\begin{array}{l} /p/ \\ /t/ \\ /k/ \end{array}\right. + \left[\begin{array}{l} /r/ \\ /l/ \\ /w/ \\ /y/ \end{array}\right.$$

위와 같은 어두자음군 결합원칙에 의한 구체적 단어의 예를 도표화하면 아래와 같다.

[표 4-1] 어두 자음군

C_3C_2 \ C_1V	l	r	j	w
sp	splash	spring	spume	
st		string	stew	
sk	selerosis	screen	skew	square

어말 자음군은 최대 4개의 자음을 허용하는데 그 예로는 glimpsed, prompts, sixths 등의 단어가 해당된다.

10. 음운적 자질(Phonological Features)

생성음운론(generative phonology)에서는 /p/, /n/과 같은 분절음소를 음의 최소단위로 보지 않고 이 분절음은 다시 그 보다 더 작은 구성소(component)로 이루어져 있다고 본다. 분절음을 구성하는 이들 작은 구성소를 생성 음운론자들은 **음운자질(phonological feature)**이라고 부른다.

이처럼 자질(feature)들을 이용하면 30~40여개의 제한된 숫자만을 가지고도 세계 모든 언어의 언어음을 설명할 수 있고 분절음간의 상이점과 유사성까지 잘 설명할 수 있어 소위 보편 음운론(universal phonology)이 가능하게 된다.

1) 주요 음운 질(Major Class Features)

❶ Consonantal(자음성): 조음시 호기가 조음기관에 의해 자애를 받거나 차단되는 경우로서 종래 자음이 가지는 자질이다.

❷ Vocalic(모음성): 조음이 방해를 받지 않고 나오는 모음의 자질이다. 마찰음 중에서 /Θ, ð/는 [-strident]이다.

❸ Nasal(비음성): 영어의 /m, n, ŋ/은 모두 [+nasal]의 자질을 가지며 비음화 된 모음 /ã, ẽ, ɔ̃/ 등은 [+nasal]의 자질을 가진다.

2) 조음 장소에 의한 자질(Place of Articulation Features)

❶ Anterior(전방성): 자음의 조음장소가 입의 앞쪽이냐 뒤쪽이냐를 나타내는 자질로서 치경을 포함한 그 앞쪽에서 조음되는 것을 모두 [+anterior]이다. 자음의 경우 순음 /p, b, m/, 순치음 /f, v/, 치음 /Θ, ð/, 치경음 /t, d, s, z, n, l/과 반전음(retroflex) /r/, 연구개음 /k, g, ŋ/과 후두음 /h/는 모두 [-anterior]이다.

❷ Coronal(설정성): 설첨(tongue tip)을 포함한 설단(tongue blade)이 중립위치(neutral position)에 있을 때는 치경 맞은 편에 있게 된다. 설단이

중립위치보다 더 높게 위로 올라가면 /f, v/는 [-coronal]이 되고 치음 /Θ, ð/와 치경음 /t, d, s, z, n, l]과 경구개치경음/š, ž, č, ǰ/과 /r/음은 [+coronal]이 되고 연구개음 [k, g, ŋ]은 다시 [-coronal]이 된다.

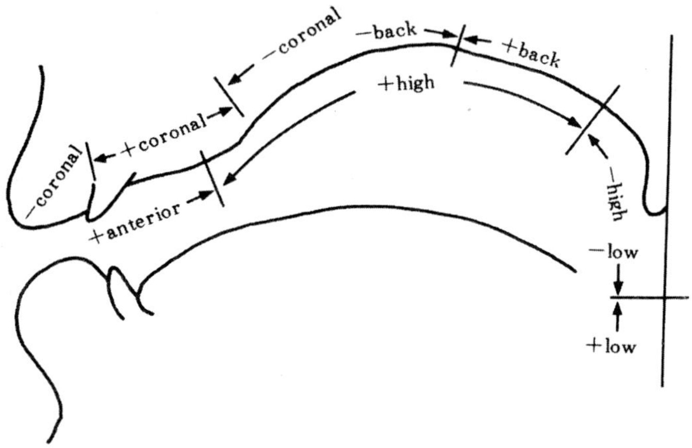

[그림 4-6] 양분법에 의한 조음장소 자질의 표시

3) 혀 몸체에 의한 자질(Body of Tongue Features)

❶ High(고음성): 조음시 혀 몸체의 위치가 /ɛ/보다 높아지는 음이면 [+high]이다. 영어의 /i, ɪ, u, ʊ/는 모두 [+high]이며 자음 중에서는 /k, g, ŋ, s, ž, č, ǰ/가 [+high]이다.

❷ Low(조음점): 혀의 몸체가 /ɛ/보다 낮은 위치에서 나는 음이 [+low]이다. 모음 중에는 /æ, a, ɔ/는 [+low]이며 자음 중에서 /h/만이 [+low]이다. 중고음(mid vowel)인 /e, ɛ, ə, o/는 [-high][-low]이다.

❸ Back(후음성): 혀의 몸체가 중립위치보다 뒤로 당겨져서 나는 음이 [+back]이다. 종래의 중설모음(central vowel)인 /a, ə/와 후설모음(back vowel) /u, ʊ, o, ɔ/는 모두 [+back]이며 전설모음(front vowel)은 [-back]이다.

자음 중에서 /k, g, ŋ/은 [+back]의 자질을 가진다.

4) 입술의 모양 자질(Lip Shape Features)

❶ Round(원순성): 조음시 입술이 동그랗게 되는 것은 [+round] 그렇지 않는 것이 [-round]이다. 영어의 후설모음 /u, ʊ, o, ɔ/는 모두 [+round]이며 그 외 모든 모음은 [-round]이다.

5) 긴장성과 유무성 자질(Tenseness or Voice Features)

❶ Tense(긴장성): 영어의 모음 중 /i, u, o, e/는 [+tense]이고 /ɪ, ʊ, ɔ, ɛ/는 [-tense]이다. 자음 중에서 전동음(trilled) /r/은 [+tense]이고 탄음(flapped) /r/은 [-tense]이다.

❷ Voice(유성성): 성대의 진동 여부에 따라 [+voice]와 [-voice]로 구분된다. 이와 같은 [+cons]와 [-cons], [+voc]와 [-voc]을 이용하여 영어의 자모음을 분류하면 다음과 같다. 자질을 표시할 때는 [+]와 [-] 양분법(binary system)을 사용한다.

[+cons] & [-voc] : /p, b, t, d, k, g, f, v, s, z, Θ, ð, š, ž, č, ǰ, m, n, ŋ/

[-cons & [+voc] : /i, ɪ, e, ɛ, æ, a, ə, u, ʊ, o, ɔ/

[-cons] & [-voc] : /y, w, h/

[+cons] & [+voc] : /r, l/

❸ Sonorant(공명성): 소리의 음점이 크고 낭랑하게 퍼지는 자질이다. 모든 모음과 전이음(y, w), 그리고 비음(m, n, ŋ)은 [+sonorant]이다. 그 외의 모든 음은 [-sonorant]이다. [-sonorant]는 달리 obstruent(저해음)이라고도 한다.

[+sonorant] (=obstruent): 폐쇄음, 마찰음, 폐찰음, 후두 이동음(h)

6) 조음 방법에 의한 자질(Manner Features)

❶ Continuant(계속성): 조음시 그 음을 계속적으로 낼 수 있느냐의 여부를 나타낸다. [+sonorant] 가운데서 모음, 유음, 전이음은 [+continuant]이고, 비음은 [−continuant]이다. [−sonorant] 즉 obstruent 중에서 마찰음과 /h/ [+continuant]이고 폐쇄음과 폐찰음은 [−continuant]이다.

❷ Strident(소음성): 조음시 조음기관이 완전히 폐쇄되지 않아 많은 소음이 들리느냐 그렇지 않느냐를 나타내는 자질이다. /f, v, s, z, š, ž/ 등의 마찰음과 /č, ǰ/의 폐찰음이 [+strident]이다.

11. 자질의 잉여성(Redundancy)과 변별적 자질

앞 절에서 논한 음운자질을 영어음소 하나하나에 적용해서 나타내면 다음과 같은 자질 모형도(feature matrix)로 구성된다.

	i	ɪ	e	c	æ	u	ʊ	o	ə	a	ɔ
cons	−	−	−	−	−	−	−	−	−	−	−
voc	+	+	+	+	+	+	+	+	+	+	+
sonorant	+	+	+	+	+	+	+	+	+	+	+
continuant	+	+	+	+	+	+	+	+	+	+	+
nasal	−	−	−	−	−	−	−	−	−	−	−
anterior	−	−	−	−	−	−	−	−	−	−	−
coronal	−	−	−	−	−	−	−	−	−	−	−
high	+	+	−	−	−	+	+	−	−	−	−
low	−	−	−	−	+	−	−	−	−	+	+
back	−	−	−	−	−	+	+	+	+	+	+
round	−	−	−	−	−	+	+	+	−	−	+
tense	+	−	+	−	−	+	−	+	−	−	+
voice	+	+	+	+	+	+	+	+	+	+	+
strident	−	−	−	−	−	−	−	−	−	−	−

그런데 위에서 제시한 자질 모형도는 여러 가지 잉여정보(redundant information)을 지니고 있다. 이를 테면 어떤 분절음이 [-cons]와 [+voc]의 자질을 갖고 있다면 이 분절음은 모음이니까 [+sonorant], [+contuant], [-nasal], [-strident], [+voice]이다. 그리고 모음에는 전방성(anterior) 여부와 설정성(coronal)이 적용되지 않으므로 [-anterior], [-coronal]이 된다. 따라서 [-cons]와 [+voc]가 된다. 또한 [+high] 자질을 가진 모음은 [-low] 자질을 가지므로 [-low] 자질은 잉여자질이 되며 역으로 [+low] 자질을 가진 모음은 [-high] 자질을 잉여자질이 된다. 이러한 잉여정보를 모두 다 제외하고 남는 꼭 필요한 정보만을 나타내면 다음 도표와 같다.

	i	ɪ	e	c	æ	u	ʊ	o	ə	a	ɔ
cons	−	−	−	−	−	−	−	−	−	−	−
voc	+	+	+	+	+	+	+	+	+	+	+
hige	+	+	−	−		+	+	−	−		
low			−	−	+			−	−	+	+
back	−	−	−	−	−	+	+	+	+	+	+
round								+	−	−	+
tense	+	−	+	−		+	−				

위의 도표에서 각 모음 아래 제시된 지질은 그 모음의 기술에 꼭 필요한 것들이며 이런 자질은 그 해당 모음을 다른 모음과 구별해 주기에 이를 변별적 자질(distinctive feature)이라고 한다. 변별적 자질외의 잉여적 정보를 모두 잉여자질(redundant feature)에 해당된다.

이와 같은 방법으로 영어의 각 자음도 잉여자질을 모두 제거하고 필요한 자질만을 표로 나타내면 다음과 같다. 그리고 ( ) 속의 자질도 뒤에 오는 자질로 인해 결과적으로 필요 없어지게 된 것이다.

	p	b	t	d	k	g	č	ǰ	f	v	θ	ð	s	z	š	ž
continuant	−	−	−	−	−	−	−	−			+	+			+	+
nasal	(−)	−	(−)	−	(−)	−										
anterior	+	+	+	+	−	−			+	+	+	+	+	+	−	−
coronal	−	−	+	+	−	−			−	−	+	+	+	+		
voice	−	+	−	+	−	+	−	+	−	+	−	+	−	+	−	+
strident							+	+	+	+	−	−	+	+	+	+

	m	n	ŋ	r	l	y	w	h
cons				+	+	−	−	−
voc				+	+	−	−	−
nasal	+	+	+					
anterior	+	(+)	−	−	+			
coronal	−	+						
high						+	+	−
back						−	+	

12. 음운 규칙(Phonological Rules)

여러 가지 음운상의 변동을 다루는데 있어서는 어떤 음이 어떤 음으로 어떤 환경에서 변하는가 하는 문제가 언급되어야 한다. 예를 들어 A→B/X→Y란 음운 규칙은 X와 Y 사이에 A가 올 경우에 A는 B로 바뀐다는 뜻이다. 즉, XAY가 XBY로 된다는 것인데 A와 B는 모두 하나의 분절로 A는 입력이 되고 B는 출력이 된다. 화살표는 바뀐다는 뜻이며 사선 (/)은 변화가 일어나는 X와 Y 사이의 환경을 가리킨다. 그리고 #은 낱말 경계(word boundary)를 나타내고 +는 형태소 경계(morpheme boundary), $는 음절 경계(syllable boundary)

를 나타낸다. 그리고 ( )는 임의적으로 선택하는 기호에 해당된다.

먼저 자질 변화규칙의 예를 살펴보자. 비음 /n/이 /p/ 다음에서 /p/와 조음점이 같은 /m/으로 바뀌는 조음점 동화작용을 음운 규칙으로 다음과 같이 나타낼 수 있다.

$$\begin{bmatrix} +\text{nasal} \\ +\text{anterior} \\ +\text{coronal} \end{bmatrix} \rightarrow \begin{bmatrix} +\text{nasal} \\ +\text{anterior} \\ -\text{coronal} \end{bmatrix} \;/\; \begin{bmatrix} +\text{anterior} \\ -\text{coronal} \end{bmatrix}$$

위의 규칙에서 /n/이 원래 갖는 자질 중 [+coronal] 자질이 [-coronal]로 바뀌었기에 자질 변화 규칙에 해당된다. 다음으로 무성음화 되는 현상을 five: fifth, twelve: twelfth 등에서 찾아볼 수 있는데 음운 규칙으로 나타내면 다음과 같다.

$$\begin{bmatrix} +\text{strident} \\ -\text{coronal} \end{bmatrix} \rightarrow [-\text{voice}] \;/\_\_\; [-\text{voice}]$$

다음으로 영어의 비음 앞에 오는 모음이 동화현상에 의해 비음화 하는 현상을 규칙으로 표시해 보자. (예: hand[hæn d] pen[p ɛn])

$$V \rightarrow [+\text{nasal} \;/\; \_\_\; [+\text{nasal}]$$

위의 비음화 규칙은 동화현상에 의해 [+nasal]의 자질이 첨가되었기에 자질첨가규칙(feature addition rule)에 해당된다. 또한 다음의 경우도 기식음인 [+aspiration]이 첨가되는 자질첨가규칙에 해당된다.

$$\begin{bmatrix} +\text{continuant} \\ -\text{voice} \end{bmatrix} \rightarrow [+\text{aspiration}] \quad / \begin{bmatrix} \# & \underline{\quad\quad} \\ \$ & \tilde{V} \end{bmatrix}$$

(예: *p*in, *t*op: *k*in, an*t*erior, su*p*erior)

끝으로 분절음 첨가 규칙(segment addition rule)과 분절음 생략규칙이 있는데 전자는 음운 표시에는 없던 분절음을 첨가하는 규칙으로 모음 첨가와 자음 첨가가 있다. 에를 들어 다음과 같은 규칙은 어떤 낱말의 첫째 자음과 그 다음 자음 사이 고모음이며 동시에 원순모음인 /u/를 삽입하라는 규칙이다.

$$\varnothing \rightarrow \begin{bmatrix} +\text{high} \\ +\text{round} \end{bmatrix} \quad / \ \#\text{C}\underline{\quad}\text{C}$$ (예: school, spoon)

$$\varnothing \rightarrow \begin{bmatrix} -\text{continuant} \\ -\text{nasal} \\ -\text{voice} \end{bmatrix} \ / \ \text{C}\ [+\text{nasal}] \ \underline{\quad} \ \text{C}[-\text{voice}]$$ (예: something)

제5장

영어 통사론

문장의 구조 | 기본적 변형규칙
적용 영역(domain)에 따른 규칙 유형
주요 통사 규칙 | "V NP to VP" 구조의 통사적 특성
구동사(Phrasal Verb)

제5장

영어 통사론(Syntax)

문장의 구조 | 기본적 변형규칙 | 적용 영역(domain)에 따른 규칙 유형
주요 통사 규칙 | "V NP to VP" 구조의 통사적 특성 | 구동사(Phrasal Verb)

통사론은 문장론, 구문론이라고도 부르며 단어들이 구와 문장을 형성하기 위하여 구성되는 방식이나 원리를 다루는 분야인데 L. B. Crane, et al (1981: 102)은 다음과 같이 언급하고 있다.

Syntax is the way words are put together to form phrases and sentences. To study the patterns and relationships of words, phrases, and clauses.

다시 말해 통사론은 구나 문자의 조직 및 단어나 구, 절간의 상호 관련성을 연구하는 학문 분야이다. 구나 문장의 구조는 기본적으로 2가지 구조가 존재한다. 그 중 하나는 단어가 어순에 의해 좌에서 우로 배치되는데 이를 가리켜 **선형구조(linear structure)**라 칭하고 문장이나 구가 그것을 이루는 단어 상호간의 밀접도에 의해 눈으로 보이지 않는 자연적인 집단(natural group)을 구성해서 구조를 이루고 있는데 이를 **계층적인 구조(hierarchical structure)**라고 한다.

선형구조 즉, 어순에 의한 통사연구는 아주 역사가 오래된 통사연구의 전통적 수단에 해당된다. 그러나 계층구조에 대한 연구는 선형구조에 대한 연구보다 훨씬 뒤에 이루어졌다고 볼 수 있으며 계층적인 구조분석까지 다루는 대표적 사례로는 구조언어학(Structural Linguistics)에서 시도된 **직접 구성소 분석**

(Immediate Constituent Analysis)이며 변형생성문법에서는 소위 **수형도 분석**(tree diagram analysis)에 의한 방법이다.

1. 문장의 구조(Sentence Structure)

1) 구성소 구조(Constituent Structure)

문장이나 구를 이루는데 기본적 단위가 되는 개별 낱말이나 낱말들의 묶음을 구성소(constituent)라고 한다. 문장은 마치 구슬을 순서대로 꿰매어 나열한 그 이상의 조직체이다. 이를테면 어떤 한 문장에 속한 단어들은 2개 혹은 그 이상의 그룹으로 나눌 수 있고 또다시 각 그룹은 여러 개의 하위그룹(subgroup)으로 계속 나누어 가서 마침내 한 개의 단어에 도달하게 된다. 문장을 구성할 각 그룹과 하위 그룹은 단어의 자연적 집단(natural group)에 해당된다. 이를테면 다음 문장은 직관에 따라 2개의 자연적 집단으로 구분된다.

(1) The pretty child found the puppy.
(The Pretty child) (found the puppy.)

두 개의 그룹을 다시 계속 나누어 감으로써 다음과 같은 '수형도'로 표시할 수 있다.

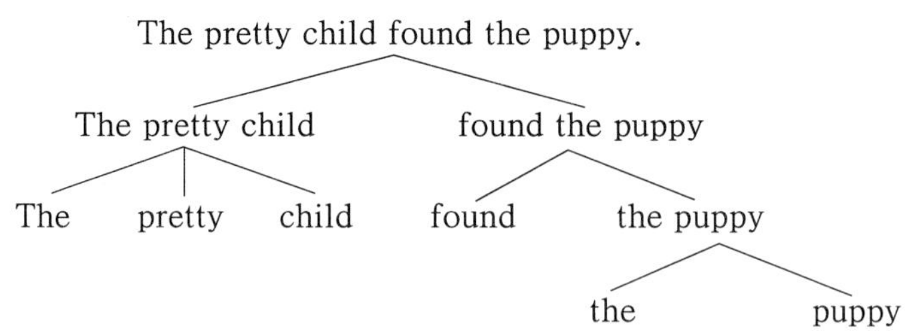

위와 같은 도형을 구성소 구조 수형도(constituent structure tree) 라고 한다. 문법성(grammaticality) 형태의 아무런 손상이 없이 대치될 수 있는 구성소를 소위 통사범주(syntactic category)를 형성한다. 변형문법에서 각 구성 성분들의 통사적 범주에는 S, NP, AUX, VP, PP, AP, N, V, Adj, Art(Det), Pro 등이 있다. 각 통사 범주에 해당되는 예를 들면 다음과 같다.

S : The pretty child found the puppy.
PP : on the table, by the house
AP : smart, very large
AUX: will, can, might
VP : found the puppy
N : child, puppy, cake, bird, pens
V : find, have, sleep, bite
Adj : red, smart, lazy, small
P : at, in, on, with, of
Pro : it, they, she, he

수형도상에 나타나 있는 통사적 지식은 다음과 같다.

(a) **단어들의 선형적 순서**(linear order of words)
(b) **단어들의 자연적 구성 집단**(natural groping of words into structural constituent)
(c) **각 구성소의 통사범주**(the syntactic category of each constituent)

수형도에서 각 가지가 갈라져 나가는 점을 **node(교점, 접점)**이라 하고 구성소 구조에서 교점(접점)의 통사적 범주를 표시하는 것을 **구절 표지(phrase marker)**

라고 한다.

2) 집적 구성소 분석(Immediate Constituent Analysis)

구조문법에서 통사구조를 분석하는 대표적 방법이 소위 직접 구성소 분석이다. 직접 구성소 분석은 문장이나 구를 두 개의 단위로 나누거나 구성해가는 **이분적 분석 방법**(binary analysis)에 해당된다. IC 분석을 나타내는 데는 다음과 같은 여러 가지 방법이 있다.

❶ C. C. Fries(1952)의 방법

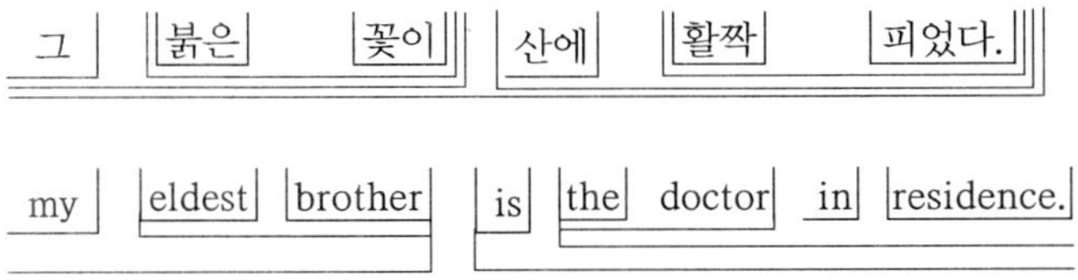

❷ H. A. Gleason(1970)의 방법

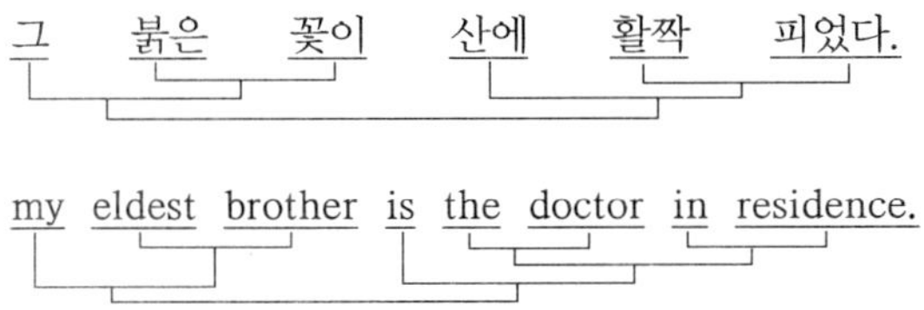

❸ E. A. Nida(1970)의 방법

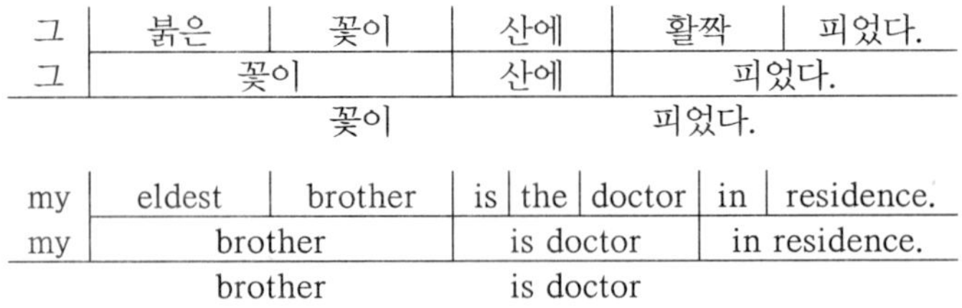

❹ N. W Francis(1958)의 방법

[(그) [(붉은) (꽃이)]] [(산에) [(활짝) (피었다).]]
[(my) [(eldest) (brother)]] [(is) [(the)] (doctor) (in) (residence).]]

❺ N. Chomsky(1964)의 방법

[그] → [[붉은] → [꽃이]] → [[산에] → [활짝] → [피었다.]]

[[my] [[eldest] [brother]]] [[is] [[the] [doctor]] [[in] [residence.]]]

본서에는 직접 구성소의 분석에 다음과 같은 순서에 따라 이분법으로 분석해 가도록 하겠다.

❶ 문장 수식어(sentence modifier)가 나오는 경우 제일먼저 끊는다.

Usually | the boys milked the goats in the morning.

When the game is over, | let's meet for a moment.

❷ 주부(noun cluster)와 술부(verb cluster)로 나눈다.

The people upstairs | complained.

Now | is the time to make plans for next year.

What he said | can now be told.

❸ 부사절이나 관계절에서는 종속접속사나 관계사를 먼저 끊는다.

Until | you come back.

who | was late for school.

❹ 전치사구나 부정사구에서는 전치사나 to를 먼저 끊는다.

on | the second day of the week

to | lesson the tension

❺ 명사구에서는 후치 수식어구를 끝에서부터 왼쪽으로 끊어간다.

NH $\quad Mod_1 + Mod_2 + Mod_3 + \cdots + Mod_n$ (←)

the girls | in the diningroom | who wait on us

❻ 후치 수식어의 분석이 끝나면 명사구에서 전치 수식어를 왼쪽에서 오른쪽으로 차례로 끊어간다.

$Mod_1 + Mod_2 + Mod_3 + \cdots + Mod_n$ + NH (→)

Thc | old | garden | steel | hoe | in the garden

❼ 동사구(verb cluster) 에서는 동사 앞에 수식어구를 먼저 끊고 그 다음 동사 뒤에 나오는 수시어구를 왼쪽으로 끊어 간다.

$Mod_1 + Mod_2 + \cdots$ (→) VH $+ Mod_3 + Mod_4 \cdots + M_od_n$ (←)

❽ 조동사는 수식어(modifier)와 같이 취급되기에 오른쪽으로 차례로 본동사까지 끊어간다.

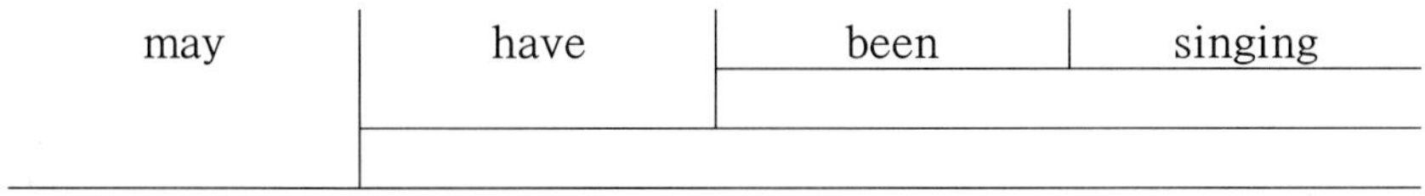

❾ and와 같은 등위접속사와 both ~ and, either ~ or 같은 상관접속사 경우는 다음과 같이 끊는다.

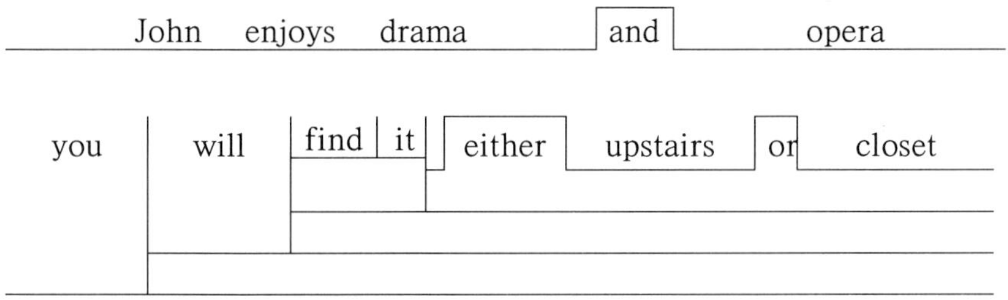

전체 문장의 IC

문장 수식어가 없다면 한 문장은 주부가 하나의 단위가 되고 술부 즉 동사군(verb cluster)이 나머지 하나의 단위가 된다. "/" 표시는 IC 간의 구분을 표시한다.

My friends / were waiting for me at the station

The mountains to the north / were covered with snow

The people upstairs / complained

Climbing the steps / took a lot out of him

They / 're sure to be home now

그러나 다음 문장의 경우 주부와 술부로 나눈다면 *usually the boys in the family*란 무의미한 단위가 생기게 되기에 전문수식 부사인 usually를 먼저 끊어야만 된다. 왜냐하면 usually는 주부인 명사군과 의미상 어울리는 것이 아니라 문장 전체와 의미상 연관되기 때문이다.

Usually / the boys in the family milked the goat in the morning
Sometimes / we had cheese for breakfast
In the afternoon / charlie fell in the lake
When we had finished eating / we washed the dishes
Sniffing the air / Marjorie predicted rain

위의 5개의 문장은 모두 문장 수식어가 수식하는 문장 서두에 오는 경우지만 문장 수식어는 반드시 문두에만 오는 것이 아니다. 특별한 경우에는 문중이나 문미에도 오는 경우가 있다.

명사군(Noun Cluster)의 IC

명사군은 역시 일련의 층(layer)으로 배열되는데 그 배열 역시 규칙적이다. 다음 문장을 살펴보자.

The young trapeze artist on the high wire fell off.

이 문장에서는 문장 수식어가 없기에 주부와 동사군(verb cluster)으로 구성되어 있다.

The young trapeze artist on the high wire / fell off.

위 문장의 왼쪽에는 명사군(noun cluster)이 있는데 그 명사군의 중심어(headword)는 artist이며 그것을 중심으로 3개의 수식어가 앞에 선행하고 한 개의 수식어가 후치 수식하고 있다. 그 명사군을 IC로 구분하자면 먼저 후치 수식어를 먼저 끊게 된다. 만약 두 개 이상의 수식어가 오게 되면 중심어(head word)를 향하여 맨 나중에 오는 후치 수식어를 제일 먼저 끊고 차례로 외쪽으로 나가며 끊게 된다. 그래서 다음 문장에서 명사군의 IC 구분은 다음과 같다.

The young trapeze artist / on the high wire

즉 *the young trapeze artist*가 하나의 단위가 되고 *on the high wire*란 전치사군(P-group)이 다른 하나의 단위가 된다. 한편 전치 수식어의 경우는 중심어를 향하여 왼쪽에서 오른쪽으로 IC cut가 이루어지게 되므로 전체적인 IC cut는 다음과 같이 진행된다.

The young trapeze artist on the high wire / fell off.
The young trapeze artist / on the high wire
The young trapeze artist
young / trapeze artist
trapeze / artist

명사군이 두 개의 후치 수식어를 가진 다음 명사군은 마지막에 오는 수식어를 먼저 끊기에 다음과 같이 IC cut 된다.

The young trapeze artist on the high wire / who was standing on his hands.

3) 동사군(Verb Cluster)의 IC

동사군에서 IC의 배열은 그 진행 방향이 역인 경우를 제외하고는 명사군의 경우와 비슷하다. 명사군에서는 중심어 위에 오는 후치 수식어를 먼저 끊고 그 다음에 전치 수식어로 진행된다. 그러나 동사군에서는 중심어를 기준으로 하여 전치 수식어부터 끊고 그 다음에 후치 수식어로 나아간다. 다음 문장을 예로 들어보자.

The boy / usually answered rudely when they were questioned

동사군에서 headword는 answered로서 한 개의 전치 수식어와 두 개의 후치 수식어를 거느리고 있는데 동사군에서 첫 번째 cut는 다음과 같다.

usually / answered rudely when they were questioned

여기서 usually는 answered라는 동사 자체만 수식 하는게 아니라 동사군의 나머지 전체를 수식한다. 그리고 중심어 뒤에 두 개의 후치 수식어는 다음과 같이 우에서 좌로 순서대로 cut 된다.

answered rudely / when they were questioned
answered / rudely

영어의 동사 앞에 오는 조동사는 다른 수식어와 같이 취급해 다음과 같이 차례로 IC cut 된다.

John had been waiting all day.
John / had been waiting all day.

had / been waiting all day.

been / waiting all day.

waiting / all day.

타동사 구문에서 목적어는 동사군의 한 단위로서 명사군(noun cluster)처럼 취급된다. 따라서 다음과 같은 목적어 수반 문장은 다음과 같이 차례로 IC cut 된다.

She / cooked a fine Irish stew with dumplings in the morning.

cooked a fine Irish stew with dumplings / in the morning.

cooked / a fine Irish stew with dumplings

a fine Irish stew with / dumplings

a / fine Irish stew

fine / Irish stew

Irish / stew

전치사군 (P-group)의 IC

전치사군의 IC 배열은 아주 단순하다. 전치사군의 IC는 항상 전치사가 하나의 단위이고 후속하는 명사가 명사군을 이룬다.

in / the morning

beside / the lake

with / a lawnmower

전치사군을 구성하는 두 번째 요소는 명사군이 될 수 있으며 때로는 다음과 같이 아주 긴 경우도 있다. 그렇지만 이런 경우는 역시 하나의 단위로 취급된다.

in / the morning of the second day
beside / the lake near plattsville
with a new lawnmower which he had bought in Colorado for forty dollars

위의 마지막 예에서 IC cut는 다음과 같이 진행된다.

a new lawnmower / which he had bought in Colorado for forty dollars
a / new lawnmower
new / lawnmower

종속어군 (S-group)의 IC

종속어군은 두 종류가 있는데 그 중 하나는 명사를 수식하는 것과 다른 하나는 동사를 수식하는 것이다. 두 번째 경우가 보다 단순한데 이들에 대해 살펴보기로 하자. 우선 종속어군이 들어있는 문장에서 종속어군에 이르기까지 IC cut를 해보면 다음과 같다.

He left town / when he heard what had happened.

종속어군은 종속 접속어(subordinator)가 하나의 IC의 단위가 되고 나머지 요소가 다른 하나의 단위가 된다.

when / he heard what had happened

because / she was crying bitterly

after / the ball was over

if / the boys in the family had milked the goats in the morning.

명사를 수식하는 종속어군은 동사를 수식하는 종속어군과 약간 다르다. 여기에 속하는 종속 접속어(subordinator)로서는 who, whose, whom, which, that, what가 있다. 이들 종속 접속어는 because, if, when 등과는 달리 문장의 앞에는 나타내지 않는다. 구체적 예를 들면 다음과 같다.

the people / who usually come early

some men / that knew what they were doing

the money / which was found

관계 대명사의 소유격 whose는 한정어(determiner)의 위치에 있기에 그것이 수식하는 명사의 단위를 찾게 하며 따라서 IC cut은 다음과 같이 이루어진다.

the people / whose money uncle stanley found

whose money / uncle stanley found.

다음의 경우에는 중의성(ambiguity)이 발생하여 그 의미 여하에 따라 IC cut를 하여야 한다.

The people who visited us sometimes drank the milk.

The boy in the car that wouldn't work

The man by the house with the dog

She married the man she met in the post office.

He waited while she dressed anxiously.

The new car salesman received a grand prize.

She turned to the man in tears.

그러나 다음 아래의 문장에서는 중의성이 발생하지 않으며 문법적 기능이나 정보여하에 따라 IC cut를 해 나가면 된다.

The people who visited us never drank the milk

The girl in the diningroom who wait on us

The girl in the diningroom where we had our meals

The girl in the car who was moving

The girl in the car which was moving

The girls in the car that were moving

The girls in the car that was moving

The man by the house with the red roof

The man by the house with a smile on his face

She turned to the man with an angry look.

She turned to the man with the angry look.

4) 표층구조와 심층구조

변형 생성 문법 이론에서는 언어분석에서 두 가지 구조를 심층구조와 표층구조를 설정하고 있다. 심층구조란 문장의 의미를 결정해 주는 개념 구조에 해당되며 표면구조는 발음 규칙에 대한 실제 발음을 제공해 주는 구조에 해당된다. 심층구조, 표층구조, 변형사이의 관계를 도표로 제시하면 다음과 같다.

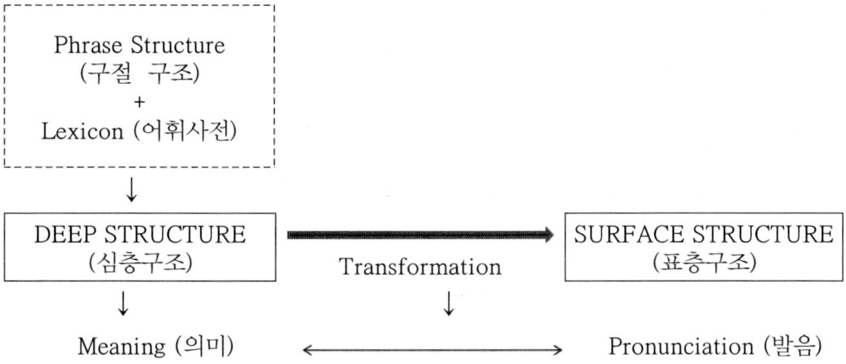

변형생성 문법은 표층구조보다 심층구조에 보다 많은 관심을 두고 있다. 심층구조가 입력이 되어 변형에 의해 표층구조를 제공해 주고 있기에 심층구조를 더 근원적인 구조라 보고 이것을 실체를 규명하려고 노력하였다. 그러나 심층구조는 의미와 관련된 개념적 추상적 구조에 해당되기에 어디까지 심층적으로 내려가야 심층구조인지 하는 문제에 의문이 제기되어 나중에는 심층구조라는 용어 대신에 기저구조(underlying structure)라는 용어로 대신하게 되었다.

위의 도표를 중심으로 살펴보면 의미는 심층구조에 근거를 두고 있으며 발음은 표층구조를 근거로 하여 발음규칙에 따라 발음된다. 그리고 또한 심층구조의 구성에는 구절구조와 어휘 사전이 필요하며 이 심층구조에 변형규칙이 작용하여 표층구조를 제공해 준다. 심층구조는 의미를 결정해 주고 표층구조는 발음을 결정하는데 언어는 의미와 발음이 결합하여야만 완전한 표현 수단이 된다. 위의 도표에서 심층구조, 표층구조 구절구조와 어휘사전 모두는 생성문법에서 통사부분(syntactic component) 에 속한다고 보며 초기 변형생성문법에서는 통사부분이 의미부분과 음운부분에 입력을 제공하기에 통사부분은 언어에서 가장 근본적 영역으로 보았다.

그러면 왜 변형생성문법에서 표층구조와 심층구조를 도입하게 되었을까? 그

것은 언어분석에서 표층구조만으로는 올바른 분석을 하기 어려운 경우가 있다고 보기 때문이다. 다음 예문을 중심으로 살펴보자.

(1) John is easy to deceive.
(2) John is eager to deceive.

위의 두 문장을 비교해 보면 겉보기에는 아주 비슷해 보인다. 그러나 그 내면의 의미를 들여다보면 확연이 다르다. 위의 (1), (2)문장은 다음의 (3), (4)과 같은 의미구조를 각각 지니게 된다.

(3) s[Someone deceives John]s is easy.
(4) John is eager $_{S}$[John deceives someone]$_{S}$.

즉 (1)문장은 어떤 사람(×)이 John을 속이는 관계이고, (2)문장에서는 John이 다른 어떤 사람(×)을 속이는 관계이므로 정반대의 관계이다. 이처럼 문장을 분석할 때 겉으로 나타난 구조만 봐서는 불합리하고 의미관계를 다루는 심층구조 관계를 따져봐야 올바로 분석할 수 있다고 보기에 심층구조의 필요성이 대두된 것이다.

2. 기본적 변형(Elementary Transformations)

영어의 기본적 변형에는 4가지 유형(type)이 있다: **삭제(deletion), 대치(substitution), 삽입(Insertion), 이동(movement)**

1) 삭제 규칙(Deletion rule)

(5) a. The girl who is talking with John is my sister.
b. The girl taking with is my sister.

(6) a. The idiot whom we elected will resign.

b. The idiot we elected will resign.

영어의 동일명사구 삭제 규칙(Equi-NP Deletion)도 이에 속한다.

(7) John wanted to leave home.

이 문장은 "leave home"이란 행위의 주어가 부정사구 앞에 나타나있지 않지만 John 이 실제 주어이므로 다음과 같은 심층구조가 온다.

(8) *John wanted John to leave home.

여기서 wanted 다음의 John은 동일명사구 삭제규칙에 의해 삭제되고 결국 (7)과 같은 문장이 된다.

2) 대치 규칙(Substitution rule)

(9) a. My car struck the pedestrian before I saw <u>the pedestrian</u>.

b. My car struck the pedestrian before I saw <u>him</u>.

(10) a. John plays the cello and Mary <u>plays the cello</u>, too.

b. John plays the cello, and Mary <u>does</u>, too.

3) 삽입 규칙(Insertion rule)

(11) a. Is a doctor in the room?

b. Is <u>there</u> a doctor in the room?

4) 이동 규칙(Movement rule)

(12) a. She turned on he radio.

b. She turned the radio on.

c. The possibility that he is not going to recover remains.

d. The possibility remains that he is not going to recover.

3. 적용 영역(domain)에 따른 규칙 유형

Stockwell(1977)은 변형규칙이 미치는 영역에 따라서 단일절내 규칙(Clause- internal rule), 2절간 규칙(two-clause rule) 다절간 규칙(multi-clause rule)의 3 유형으로 분류한다.

1) 단일절내 규칙(Clause-internal rule)

수동화 변형, 재귀 대명사화, 여격이동(dative shift) each 이동, 복합명사구 이동(Complex NP Shift)등 대부분의 통사규칙이 이에 속한다.

A. 수동변형(passivizatioon)

(13) a. John expected Mary.

b. Mary was expected by John.

c. John expected Mary would arrive.

d. *Mary was expected by John would arrive.

e. *Mary was expected would arrive by John.

B. 재귀대명사화(Reflexivization)

(14) a. $John_i$ shaved $John_i$.

b. John shaved himself.

c. *John asked Mary to shave himself.

C. 여격이동(Dative Shift)

(15) He left a fortune to his son.

(16) He left his son a fortune.

(17) *They believed to his son that he left a fortune ______.

2) 2절간 규칙(Two-clause rule): 상승규칙, Tough 이동규칙 등

A. 상승규칙(Raising)

(18) It appears that Jim is happy.

(19) Jim appears to be happy.

(20) It appears that it is likely that Jim will succeed.

(21) *Jim appears that it is likely to succeed.

B. Tough 이동 규칙

(22) It is impossible to justify his behavior.

(23) His behavior is impossible to justify.

3) 다절간 규칙(Multi-clause rule): wh 이동규칙, 분열문화

(24) John wants to consider the possibility of persuading Mary to buy WH-something.

(25) What does John want to consider the possibility of persuading Mary to buy?

4. 주요 통사규칙

1) 외치(Extraposition)

외치는 문두 방향에 있는 과중요소(heavy element)를 문미 쪽으로 옮겨가는 이동규칙에 해당된다. 외치를 하게 되는 이유는 통사적인 면에서 볼 때 문의 구조적 균형(structural balance)을 유지하는데 있고 문의 기능 문법적 측면에서 볼 때 신정보(중요정보)나 정보량이 많은 요소를 문미에 두려는 원리에 근거한다. 이를테면 문의과중요소는 정보량이 자연히 많고 news value상 신정보의 성격을 지니기 때문이다.

외치의 유형으로는 절 외치, 부정사구 외치, 동명사 외치, 전치사구 외치로 분류 할 수 있다. 각각에 대해 예문중심으로 살펴보도록 하겠다.

A. 절 외치

〈동격절〉

(26) Fear amounted *that ship would sink.*

(27) The claim was made *that the rain caused the accident.*

(28) The idea pleased *the children that it might snow.*

〈관계절〉

(29) A man came into the room *who wore a red tie.*

(30) No one can be found *who speaks well of him.*

〈단순절〉

(31) It is surprising *that she killed herself last night.*

(32) It is argued by Carlo *that Columbus discovered America.*

(2) 부정사구 외치

(33) It would be a great mistake *for you to help her.*

(34) Many attempts were made *to rescue the kidnapped U. S. civilians in Iraq.*

(35) We considered it important *to explain his reason.*

(3) 동명사 외치

(36) It is very difficult *talking to John.*

(37) He found it very frustrating *having to wait so long.*

2) 대명사화(Pronominalization)

대명사화 변형은 하나 혹은 그 이상의 동일지시 명사구를 대명사로 대치하는 변형으로 **진행 대명사화(progressive pronominalization)**와 **역행 대명사화(backward pronomi- nalization)**가 있다. 진행 대명사화는 대명사화 된 것이 나중에 나타나고 역행 대명사화는 그 반대이다.

〈진행 대명사화〉

(36) *The doctor said that the doctor was sick.

(37) The doctor said that he was sick.

(38) After <u>John</u> went to the movie last night, <u>he</u> drove 150 miles to visit the roommate.

〈역행 대명사화〉

(39) After he went to the movie last night, John dove 150 miles to visit the roommate.

(40) That he was popular pleased John.

그러나 역행 대명사화가 주절에 있는 동일지시 명사구에 적용되면 비문이 된다.

(41) *He$_i$ went to the party, after John$_i$ woke up.

(42) *He$_i$ said that the candidate$_i$ was optimistic.

(43) *I gave her$_i$ the book that Jane$_i$ wanted

3) 상승(Raising)

상승(Raising)이란 용어는 Kiparsky(1970)가 만든 용어로서 보다 하위문의 어떤 한 요소를 그 다음 상위문으로 이동시키는 변형을 가리킨다. 영어의 명사구 상승은 크게 주어 상승(subject raising)과 목적어 상승(object raising)이 있다. 그리고 주어 상승은 하위문의 주어를 상위문의 주어로 옮기는 subject-to-subject Raising과 하위문의 주어를 상위문의 주어로 옮기는 subject-to-object Raising이 있다. 목적어 상승에는 하위문의 목적어를 상위문의 주어로 가져가는 상승만 있다.

A. 주어상승(Subject Raising)

(44) It seems that John is innocent.

(45) John seems to be innocent.

(46) It is likely that Bush will visit Iraq this month.

(47) Bush is likely to visit Iraq this month.

(48) It is certain that John will pass the exam.

(49) John is certain to pass the exam.

(50) I believe that he is honest.

(51) I believe him to be honest.

B. 목적어 상승(Object Raising): Tough-이동

(52) It is easy to memorize the poem.

(53) The poem is easy to memorize.

(54) It is hard to catch the lion.

(55) The lion is hard to catch.

(56) It is tough to play sonata on this fiddle.

(57) This fiddle is tough to play sonata on.

4) 명사구 보문(Noun Phrase Complement)

여기서는 한 문장이 명사구의 보문으로서 삽입되는 경우와 보문소(complementizer) that, for…to, -'s …ing 에 대하여 알아보도록 하겠다. 이상의 3가지 보문소를 사용하여 주어에 명사구로 나타내는 경우를 보면 다음과 같다.

A. 절 보문소(Clause Complementizer): that

(58) That peter is dishonest worries John.

B. 부정사 보문소(Infinitive Complementizer): for…to

(59) For Peter to be dishonest worries John.

C. 동명사 보문소(Gerundive Complementizer): -'s …ing

(60) Peter's being dishonest worries John.

그리고 이 보문은 주어 명사구만 아니라 목적어 명사구로서도 나타난다.

(61) I don't like that John does that.

(62) I don't like for John to do that.

(63) I don't like John's doing that.

이상 3개의 보문은 부정사 보문과 동명사 보문을 공통적인 통사적 특성이 있으나 절 보문과는 상이한데 그 예로 동일 명사구 삭제 변형에서 그러하다.

(64) Peter prefers for peter to leave.

(65) Peter prefers Peter's leaving.

(66) Peter prefers that (*Peter) would leave.

위의 (67) 에서는 Peter를 생략하기보다 대명사 he로 대치해야 한다.

5) 비한정 명사구 생략 변형(Indefinite NP Deletion)

다음 두 예문에서 get과 daydream의 주어는 John과 Nancy이라는 특정인을 지시하기에 보문의 주어는 생략할 수 없다.

(67) It is impossible for John to get along with John.

(68) Nancy's daydreaming during an interview is bad manners.

그러나 아래 두 문장에서 부정사 보문과 동명사 보문의 주어는 특정인이 아닌 막연한 어떤 사람을 가리키기에 anyone 과 someone과 같은 말은 생략이 가능하다.

(69) It is impossible (for anyone) to get along with John.

(70) (Anyone) daydreaming during an interview is bad manners.

비한정 명사구 생략 변형은 수동문의 행위자(agent) 표시에서도 일어날 수 있다.

(71) The money has been found (by someone).

(72) The cake has been eaten (by someone).

6) 수량사 부동 변형(Quantifier Floating)

영어의 전칭 수량사(universal quantifier)에 해당하는 all, each, both 등은 명사구 위치가 아닌 다른 곳에서도 자유롭게 위치를 옮겨 나타낼 수 있는데 이를 부동 수량사(floating quantifier)라고 한다. 그리고 이 부동 수량사는 특정한 NP, 즉 주어 NP와 결속 관계를 가지고 있다.

(73) All of the bats seemed to us to have been rabid.

(74) The bats all seemed to us to have been rabid.

(75) The bats seemed to all have been rabid.

(76) The bats seemed to us to have all been rabid.

위에서 all은 그 위치에 관계없이 모두 주어 the bats와 결속관계를 맺고 있으며

(74), (75), (76)의 주어의 심층구조는 모두 아래 수형도와 같다.

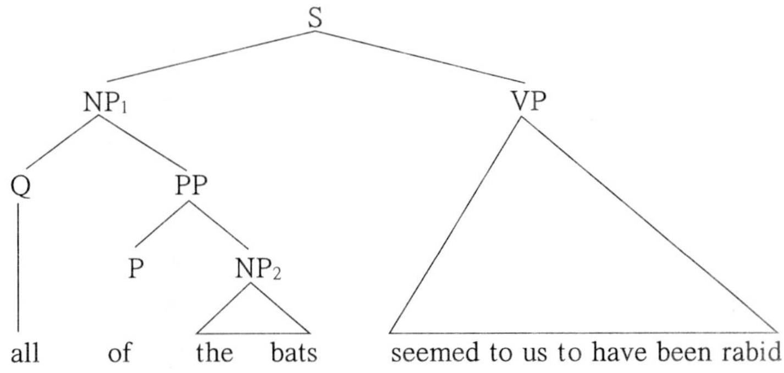

위의 심층구조에서 수량사 부동 변형이 적용되면 all은 주어 NP에서 분리되어 S의 한 구성소가 된다. all 이동된 후 하위 명사구인 the bats가 주어의 기능을 가지기에 전치사 of는 자동적으로 삭제되며 NP_1과 PP의 범주도 함께 삭제되어 다음과 같은 표층 구조가 생성된다.

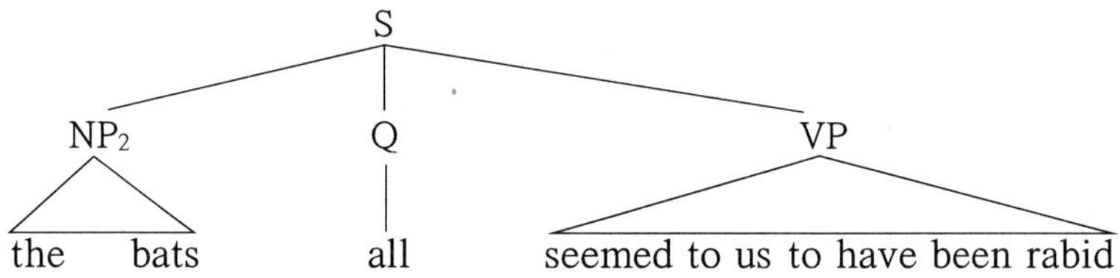

7) 접속축약(Conjunction Reduction)과 구 접속

대용형 변형(pro form transformation)은 반복을 회피하는 수단이 되지만 유일한 수단이 되는 것은 아니다. 대용형 변형 외에 삭제(deletion)라는 대안이 있다. 다음 예문을 보자.

(77) a. Susan screamed and Susan howled.
b. Susan screamed and howled.

삭제 변형은 다른 변형처럼 의미에 영향을 미치지 않는다. 삭제될 수 있는 요소는 청자에 의해 분명히 이해될 수 있는 것에 해당된다. 우리가 여기고 고려하고 있는 삭제 과정에 있어서는 오직 반복되는 요소만 삭제될 수 있다. 반복되는 요소라고 하더라도 처음 반복 요소를 삭제하는 것은 불가능하기에 "*screamed and howled."라고 표현할 수는 없다. 또한 "Susan screamed and Betty howled."란 문장에서는 반복 요소가 없기에 어떤 요소도 삭제할 수 없다. (78b) 문장은 Susan이 두 가지 행동 즉 screaming과 howling을 모두 수행

했음을 의미한다. 다음 예문에서는 명사구만이 아니라 다른 동일 요소가 반복될 때도 생략될 수 있음을 보여준다.

(78) a. <u>We went</u> to Montana, and <u>we went</u> to Idaho.
　　b. We went to Montana, and to Idaho.

(79) a. Janice can't <u>type well</u>, but I can <u>type well</u>.
　　b. Janice can't type well, but I can.

그러나 가끔씩 삭제 변형은 다른 변형을 필요하게끔 한다. 다음 예문을 통해 살펴보자.

(80) These chairs belong to me and those chairs belong to me.

위의 문장을 수형도로 나타내면 다음과 같이 된다.

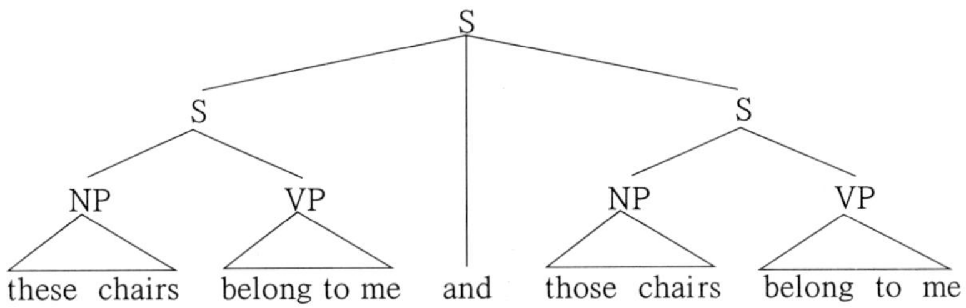

위의 구조에서 반복 요소를 삭제하는 변형을 적용하면 이제 다음과 같이 된다.

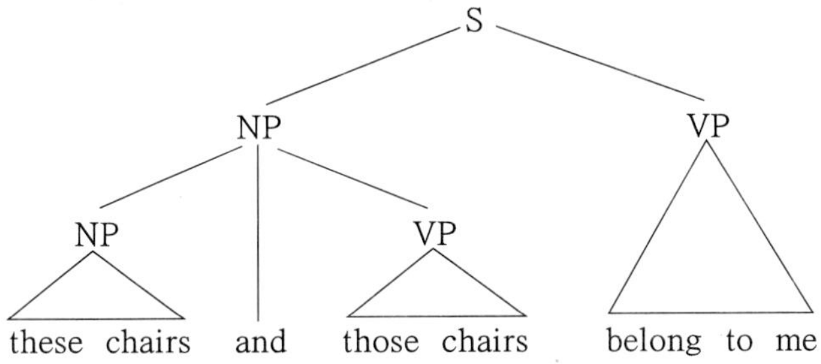

위의 구조를 재배열하여 and those chairs를 these chairs라는 NP와 동일한 NP 내로 가져가는 변형을 **접속축약(Conjunction Reduction)**이라고 한다. 그래서 최종적으로 다음과 같은 구조가 도출된다.

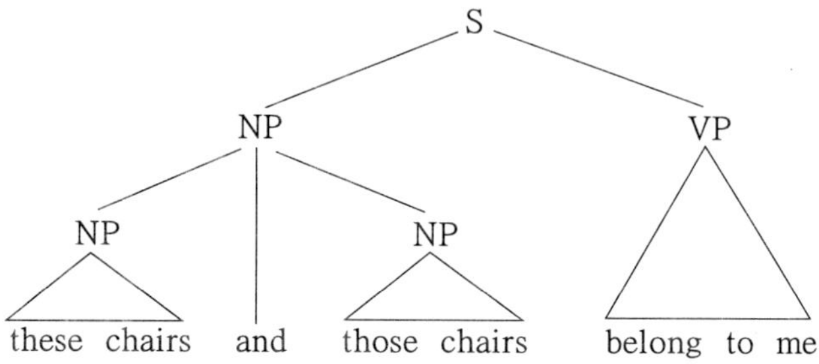

다음 (81)과 (82)에서 열거한 문장들을 각각 비교해 보면 대부분의 표면 구조상의 등위 접속된 구조들을 심층 구조상 등위 접속된 문에서 생성된 것임을 알 수 있다.

(81) a. Bob lied and John lied.
   b. The chairman destroyed the documents, and the young lawyer destroyed the documents.
   c. Richard was studying, and Richard was waiting.
   d. The volunteers painted the house, and the volunteers plowed the garden.
   e. The negotiators were friendly, and the negotiators were hopeful.
   f. These newsmen are skeptical about briefings, and those newsmen are careful with sources.
   g. Relief will arrive now, Relief will arrive later.
   h. The guards are on the roof, and the guards are in the hall.

(82) a. Bob and John lied.
b. The chairman and the young lawyer destroyed the documents.
c. Richard was studying and waiting.
d. The volunteers painted the house and plowed the garden.
e. The negotiators were friendly and hopeful.
f. These newsmen are skeptical about briefings and careful with sources.
g. Relief will arrive now and later.
h. The guards are on the roof and in the hall.

대부분의 영어의 등위 접속 구조는 궁극적으로 등위 접속문에서 파생되어 나온 경우이며 대용형이나 삭제 변형을 통해 반복되는 구조를 제거하게 된다. 그러나 어떤 구조에서는 기저상 등위 접속문에서 도출되어 나왔다고 볼 수 없다. 다음 경우를 살펴보자.

(83) a. The ball rolled between the fence and the road.
b. *The ball rolled between the fence, and the ball rolled between the road.

(84) a. Louise mixed mustard and sugar together.
b. *Louise mixed mustard, and Louise mixed sugar together.

이와 같이 소수의 명사구는 심층구조상 등위문에서 도출되어서 생긴 것이 아니라 구접속(phrasal conjunction)에서 나온 것이다. 그렇다면 우리가 표면 구조상 등위 접속 명사구를 만날 때 그것이 구접속인지 문접속인지 어떻게 알 수 있을까? 이것을 판별 하는 데는 몇 가지 test가 있다.

첫째, Paraphrase Test로서 기저상 등위 접속문에서 도출된 경우는 표명 구조상 등위 접속문에 의해 풀이 될 수 있다.

(85) a. Bill and John knew your name.
b. Bill knew your name, and John knew your name.

(86) a. Bill and Hugh conferred.
b. *Bill conferred and Hugh conferred.

둘째, Both Test로서 기저상 등위 접속문은 Both를 사용할 수 있다.

(87) a. Both Bill and John knew your name.
b. Both Bill and Hugh conferred.

셋째, Together Test로서 기저 구조상 구접속인 경우는 together가 올 수 있으나 문접속의 경우는 불가능하다.

(88) a. *Bill and John knew your name together.
b. Bill and Hugh conferred together.

넷째, With Test로서 명사구 접속에선 with를 사용할 수 있으나 문접속에서는 불가능하다.

(89) a. Bill knew your name with John.
b. Bill conferred with Hugh.

가끔씩 어떤 표면 구조는 위의 제시한 나머지 모든 기준을 충족시켜서 구접속과 문접속 모두에 다 해당되는 경우가 있다. 그래서 결국 중의성을 지니는 경우가 되겠다.

(90) a. Rudy and Alice sang songs.
b. Rudy sang songs, and Alice sang songs.
c. Both Rudy and Alice sang songs.
d. Rudy and Alice sang songs together.
e. Rudy sang songs with Alice.

8) 동일 명사구 삭제(Equi-NP Deletion)

반복되는 요소를 가진 중문(compound sentence)에서는 생략이라는 현상이 발생 할 수 있다.

(91) a. Dorothy raved and Dorothy screamed.
b. Dorothy raved and screamed.

등위 접속된 문장에서뿐 아니라 종속구조 즉 내문구조 안에서도 동일 명사구가 나타날 수 있다.

(92) a. It seemed obvious to Betty that Betty had lost.
b. *It seemed obvious to Betty that had lost.
c. It seemed obvious to Betty that she had lost.

(93) a. Fred didn't know that we had seem Fred.
b. *Fred didn't know that we had seem.
c. Fred didn't know that we had seem him.

위의 b문장에서 보듯이 that절 내에서 반복 명사구의 생략은 불가능하다. 이 경우 반복을 피하는 유일한 수단은 대명사화이다. 우리는 이 같은 제약이 다음과 같은 보문구조에서도 적용되는지 살펴보도록 하겠다.

(94) a. Bill wanted like for Tom to go with you.
b. *Bill wanted like for Bill to go with you.
c. Bill wanted like for him to go with you.
d. Bill wanted like to go with you.

위에서 c문장이 문법적이지만 b나 d문장과는 동일한 의미를 나타내지 않는다. 그 이유는 him은 분명히 Bill을 가리키지 않기 때문이다. d문장에서는 Bill은 go라는 동사의 주어로 이해된다. 그러므로 for-to 구조에서 주어 명사구의 생략은 의무적이다. 여기서 대명사화는 불가능하다. 이 같은 현상은 poss-ing의 동명사 구문에서도 마찬가지다.

(95) a. Eloise was amused at Roberta's finding the dead woman.
b. *Eloise was amused at Eloise's finding the dead woman.
c. Eloise was amused at her finding the dead woman.
d. Eloise was amused at finding the dead woman.
e. Finding the dead woman amused Eloise.

위의 c문장에서 her는 Eloise를 지시할 수 없다. 그리고 d, e문장의 Eloise는 finding의 주어로 이해된다. 그래서 for-to나 poss -ing 구조의 주어가 상위문의 주어와 동일 명사구를 지시하고 있기에 하위문의 NP의 생략을 **동일명사구 생략(Equi-NP Deletion)**이라고 부른다. 등위 접속구조에서는 반복되는 하나의 NP만 생략되기에 처음 나오는 NP는 생략될 수 없다. 그러나 e와 같은 비등위 접속구조 즉 내포문 구조에서는 그와 같은 제약이 적용되지 않는다. 유일한 요구 조건은 보문구조에서 주어 NP가 상위문의 주어 NP와 동일하여야 한다는 것이다.

동일 명사구 삭제 변형이 흔히 적용되는 경우는 다음과 같은 문장에서이다.

(96) I encouraged Bob to drive Marie to the airport.

(97) I encouraged Marie to be driven to the airport by Bob.

위의 두 문장의 유일한 차이점은 수동이 내포문(embedded sentence) 사용되었느냐의 여부이며 나머지는 동일하다. 그러나 이 같은 유사성은 단지 파상적일 뿐이다. 예문 (96)에 대한 중간 구조는 다음과 같다.

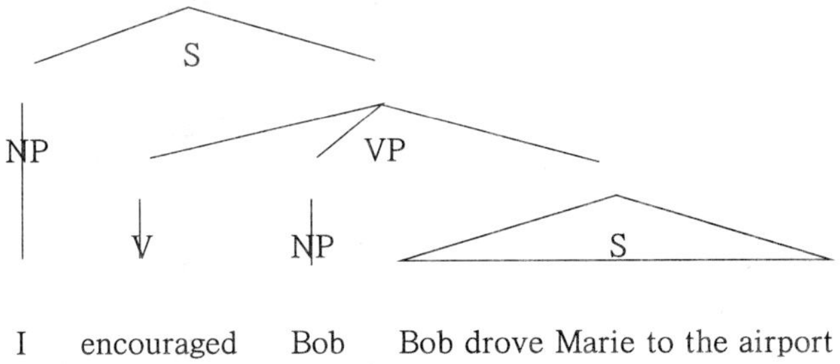

For-to : I encouraged Bob for Bob drive Marie to the airport.

Equi-NP : I encouraged Bob for to drive Marie to the airport.

For deletion : I encouraged Bob to drive Marie to the airport.

한편 예문 (122)은 동사 위에 다른 명사구를 가지고 있다.

For-to : I encouraged Marie for Marie to be driven...

Equi-NP : I encouraged Marie for to driven...

For deletion : I encouraged Marie to be driven...

이 두 문장은 표면 구조상 수동구조의 선택을 제외하고는 서로 비슷해 보이지만 기저 구조를 살펴보면 확연히 다르다.

그러나 다음의 두 문장은 표면 구조상 차이에도 불구하고 똑같은 심층 구조를 갖게 된다.

(98) I wanted Bob to drive Marie to the airport.

(99) I wanted Marie to be driven to the airport by Bob.

위의 두 문장은 encourage라는 동사 대신에 want로 대치되고 나머지는 encourage 동사 구문과 외견상 유사하다. encourage 구문의 경우는 보문이 능동이냐 수동이냐에 따라 전체 의미가 확연히 다르지만 want 구문에서는 보문이 능동이든 수동이든 다음과 같은 심층 구조를 가지기에 전체 의미는 동일하다.

5. “V NP VP” 구조의 통사적 특성

Akmajian & Heny(1975)는 동사의 유형에 따라 “V NP to VP”가 가지는 통사적 성격이 다르다고 보았으며 다음과 같이 동사를 분류 하였다.

a. prefer 유형: expect, want, intend, hope, like, hate, love 등

b. believe 유형: imagine, suppose, assume, find, perceive, prove, understand 등

c. persuade 유형: force, encourage, allow, advise, coax order, cause, make, help, command 등

우선 prefer/believe 유형과 persuade 유형은 통사적 속성상 크게 대별 된다. prefer와 believe 동사류는 2개의 논항을 취하는 2항 동사(2-place verb or two-termed verb) 이지만 persuade 류의 동사는 세 개의 논항(argument, term)을 취하는 동사이다. 이와 같은 제약은 다음 예문의 문법성 여부에서 찾아볼 수 있다.

(100) I prefer that John should do better.

(101) I believe that John is intelligent.

(102) *I persuaded that he should see the doctor.

(103) I persuaded John that he should see the doctor.

(102)의 경우 비문인 것은 3항 동사로서 설득한 사람, 설득 당할 사람, 설득할 내용을 필요로 하는 동사이기 때문이다.

위의 세 가지 유형의 동사를 논항구조에 따라 다음과 같은 구조를 가지고 있는 것으로 표시할 수 있다.

TYPE Ⅰ: V [NP to VP]

TYPE Ⅱ: V [NP to VP]

TYPE Ⅲ: V [NP] [to VP]

위의 TYPE Ⅰ~TYPE Ⅲ의 동사 prefer와 believe는 두 개 논항을 요구하는 동사로서 보문 내에 NP가 포함되나 persuade 유형동사는 3항 동사이기에 NP가 보문 내에 포함되지 않고 스스로 하나의 역할을 하고 있다. 따라서 형태상 동일하게 보이는 (100), (101), (103)을 논항 구조와 관련해 표기해 보면 다음과 같다.

(104) I prefer [John to do the better].

(105) I believe [John to be intelligent].

(106) I persuade [John] [to see the doctor].

prefer / believe가 persuade 류와 확연히 다른 속성을 지니고 있다는 것을 다음과 같이 수동을 통해서도 확연히 그 차이가 드러난다.

(107) a. I believed the doctor to examine john.
b. I believed John to be examined by the doctor.

(108) a. I persuaded the doctor to examine John.
b. I persuaded John to be examined by the doctor.

위의 (107)의 a, b는 수동변형 적용으로 동의문으로 남지만 (108)의 a, b에서는 의미의 동일성을 유지하지 못한다. 그 이유는 (107)의 a에서는 설득의 대상자가 the doctor이지만 (108)의 b에서는 John이기 때문이다.

위의 (107, a)와 (108, a)의 심층구조 분석은 각각 아래와 같다.

(109) I - believed - the doctor will examine John.

(110) I - persuaded - the doctor - the doctor will examine John.

다음으로 허사 it와 there를 NP 위치를 대신하여 사용할 수 있는지 여부도 prefer/ believe류와 persuade류는 서로 다르다.

우선 먼저 prefer 유형과 believe 유형의 차이를 살펴보자.

첫째, 보문소 사용에서 차이가 존재한다. prefer 유형의 동사는 비정형절 보문소 for를 사용하거나 생략해도 정문이 되나 believe 동사를 for를 사용하면 비문이 된다.

(111) a. I prefer for the boys to leave first.
b. I prefer the boys to leave first.

(112) a. *John believes for bill to be intelligent.

b. John believe Bill to be intelligent.

둘째, 비정형절 주어 NP가 상위문의 주어와 일치할 때 believe 유형의 동사는 비정형절의 주어로 재귀대명사 형태를 취한다. 그러나 prefer류는 동일명사구 생략에 의해 비정형절 주어 NP가 생략된다.

(113) a. I prefer to speak to you in private.

b. *I prefer myself to speak to you in private.

(114) a. *John believed to be right.

b. John believed himself to be right.

셋째, believe류나 persuade류는 동사 뒤의 NP를 수동화 시킬 수 있으나 prefer류는 수동화가 불가능하다.

(115) a. I preferred the doctor to examine John.

b. *I preferred John to be examined by the doctor.

(116) a. I believed the doctor to examine John.

b. I believed John to be examined by the doctor.

(117) a. I persuaded the doctor to examine John.

b. I persuaded John to be examined by the doctor.

(118) a. I prefer [it to be done now].

b. I believe [it to be unlikely that he'll come].

c. *Jane persuaded [it to snow].

(119) a. John prefer [there to be three of his friend at the party].

b. John believed [there to be a life after death].

c. John persuaded [there to be three of his friend at the party].

끝으로, 선택제약(selection restriction)에서 차이인데 prefer/believe 유형의 동사는 비 정형절의 보문의 주어인 NP가 [+animate]와 [-animate] 그 어느 것도 가능하나 persuade류 동사는 뒤에 오는 NP가 반드시 [+animate]가 와야 정문이 된다.

(120) a. John prefer Bill to do it.

b. John prefer the cake.

c. I believe John to build a house.

d. I believe the story to be true.

e. I persuaded John to build a house.

f. I persuaded a house to be built by John.

6. 구동사(Phrasal Verb)

영어의 구동사를 부르는 명칭으로는 동사-불변사 결합구조(verb-particle combination), 동사 부사 결합구조(verb adverb combination) 혹은 2어 동사(two word verb) 등이 있는데 이중 구동사가 가장 일반적인 명칭이며 2어 동사는 동사+전치사로 이루어지는 prepositional verb도 포함하기에 구동사에만 적용되는 것은 아니다.

1) 구동사의 일반적 특징

❶ 구어적 표현(colloquial expression): 영어의 구동사는 문어적 표현이 아니라 구어적 표현에 주로 사용된다. put off, look into 등은 구어적

표현이나 postpone, investigate 등은 문어적 표현에 해당된다.

❷ 관용적 의미(idiomatic meaning): 구동사는 대개 자구적 의미(literal meaning)보다 비유적이거나 관용적으로 사용되는 경우가 많다.

❸ 단음절 동사(monosyllabic verb)의 사용: 구동사에 사용되는 동사는 take, make, put, set, turn, go, get, have, look 등 단음절 동사가 사용되어서 역동적인 면이 있고 리듬의 변화가 용이하다.

❹ 불변화사(particle)의 수의 한정: 구동사에 사용되는 불변화사의 수는 up, out, off, down, away, on, along, over, in, across 등 15개 미만이다.

❺ 표준영어보다 표준이하 영어(substandard English)에 많이 사용된다. 주로 slang이나 Black English에서 사용 빈도가 높다.

❻ 영국영어보다 미국영어에 많이 사용: 영국영어에서 구동사의 비율이 미국영어에서 보다 훨씬 낮다.

❼ 고대영어보다 현대영어에서 많이 사용: 구동사는 고대영어에서는 그 수가 극히 소수에 불과하고 현대영어 특히 초기 현대영어인 Shakespeare 영어에서부터 급격히 숫자가 증가하고 있는 실정이다.

❽ 다원적 의미(multiple meaning): 영어의 구동사는 하나의 형태가 여러 개의 의미를 지닌다. 이를테면 make up이란 구동사는 '화장하다', '결정하다' (decide), '구성하다', '준비하다', '보상하다' 등 여러 의미를 가지기에 EFL 학습자로서는 그 의미를 예측하기가 참 어려운 문제이다.

2) 구동사의 유형

❶ 타동사적 구동사(Transitive phrasal verb)

(122) John turned on the light.

(123) Jane came across an old friend.

(124) An arsonist burned down the hotel.

(125) The cabinet cancelled off the meeting.

❷ 자동사적 구동사(Intransitive phrasal verb)

(126) My car broke down.

(127) The boys were playing around in the yard.

(128) Why don't you come in?

(129) The travellers came back to their country.

❸ 전치사 요구하는 구동사

구동사에도 특정 전치사를 수반하는 경우가 있다.

put up with, get along with, cut down on, catch up with, look in on, look down on, check out of, stand up for, keep up with, pick up on, get back to, come up with, etc.

3) 구동사와 전치사 결합동사(prepositional verb)와의 차이점

구동사와 전치사 결합동사 간에는 통사적으로나 음운론적으로나 의미적으로 많은 차이점이 존재하는데 그 구체적 예를 들어 본다.

❶ 제 2요소(second element)의 분리 여부

동사와 불변사가 서로 분리되어 후속하는 NP 뒤로 이동할 수 있는지 그 여부에 따라 분리되어 이동가능하게 되면 구동사에 해당되나 불가능하면 전치사 결합동사에 해당된다.

(130) a. He *turned down* the offer.

b. He *turned* the offer *down.*

(132) a. He *looked at* the gentleman.

b. *He *looked* the gentleman *at.*

❷ 대명사 목적어인 경우

대명사 목적어를 취할 경우 구동사는 불변사가 의무적으로 대명사 목적어 다음으로 이동되나 전치사 결합동사의 경우 이동될 수 없다.

(132) a. He turned off the radio.(=it)

b. He turned *it* off.

(133) a. John looked at the lady.(=her)

b. John looked at *her*.

❸ 부사 수식어에 의한 분리가능성

(134) a. *Everyone should look *carefully* up this word.

b. Someone needs to look *carefully* at the carburettor.

(135) a. *John takes quickly off his clothes.

b. John takes exactly after his father.

❹ 삽입구에 의한 제 2요소와 NP의 분리 가능성

(136) a. He looked up, *without a reply*, the information which I requested.

b. *She looked at, *without a reply*, the table which I bought yesterday.

❺ 제 2요소의 관계대명사나 의문사 앞 전치

(137) a. *The minister *up* whom John *backed*.

b. The minister *on* whom John *relied*.

(138) a. John shook up the mixture.

b. **Up* what did John *shake*?

(139) a. John ran up the hill.

b. **Up* what did John *run*?

❻ 공소화(Gapping)나 접속삭감(Conjunction Reduction)에서 차이

(140) a. *John looked up this word and Bill up that one.

b. John looked at the brake and Bill at the fuel pump.

(141) a. *He looked up the date and up the time.

b. He looked at the table and at the chair.

❼ 동작 명사화(Action Nominalization) 가능 여부

구동사는 동작명사화 형태를 취할 수 있으나 전치사 결합동사는 동작명사화가 불가능하고 사실명사화 형태만 취할 수 있다.

(142) a. His looking up of the information

b. *His looking into of the information

(143) a. The running up of thc bill was a mattcr of minutcs.

b. *The running up of the hill was a matter of minutes.

❽ 수동화에서 차이

타동적 구동사는 100% 수동화가 가능하나 전치사 결합동사는 수동화가 가능한 경우도 있고 불가능한 경우도 있다.

(144) a. She made up the whole story.

b. The whole story was made up.

(145) a. John went into the house.

b. *The house was gone into by John.

(146) a. John agreed with Mary.

b. *Mary is agreed with by John.

(147) a. They talked about you.

b. You were talked about.

❾ 수형도상의 차이

(148) John looked up the dictionary.

(149) John looked for the dictionary.

(148 a)

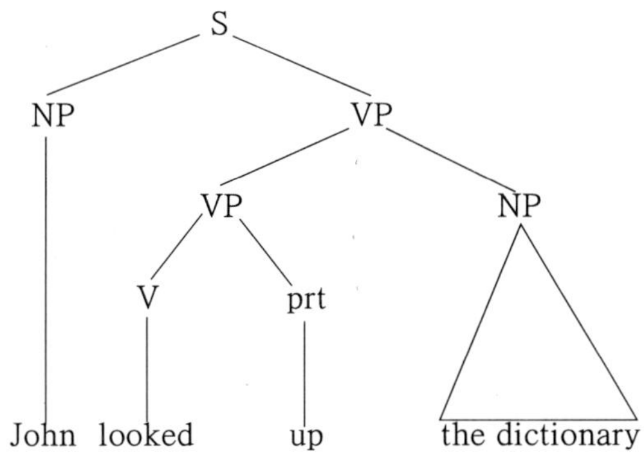

(149 a)

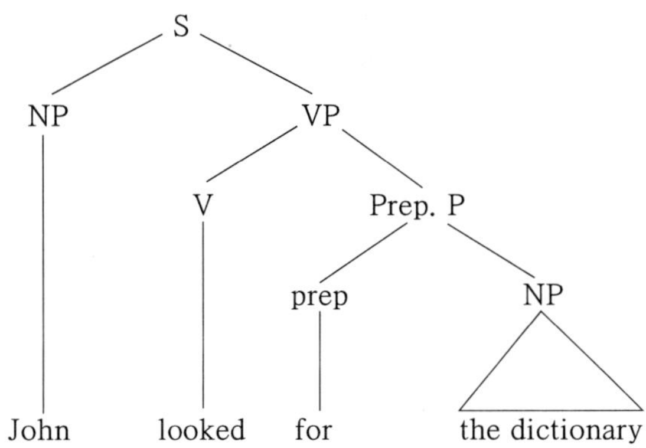

지금까지 구동사와 유사한 전치사 결합동사와의 차이점을 통시적 측면에서 주로 살펴 보았다. 이상의 통시적 특징을 종합해보면 다음과 같은 공통적 특성이 개재되어 있음을 알 수 있다. 즉 동사와 분리성 면에서 불변사와 전치사는 서로 차이점을 지니고 있다.

4) 구동사의 의미상의 특징

구동사는 그것을 구성하는 동사나 불변사가 문자 그대로의 의미를 지니는 것에서부터 관용적이고 비유적 의미를 지니는 것에 이르기까지 그 분포가 다양하며 다음과 같이 의미적으로 **경사적 분포(gradient distribution)**를 이루고 있다.

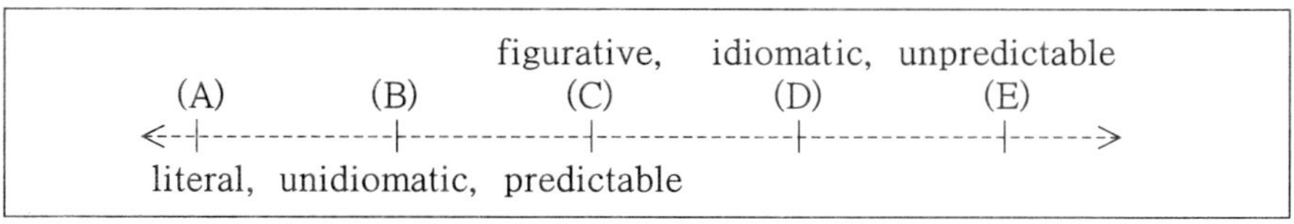

위의 도표에서 (A)에서 (E)까지의 각 그룹은 편의상 구분하고 있을 뿐이며 각 그룹을 구분 짓는 한계선은 존재하지 않는다. 다만 (A)에서 (E)쪽으로 갈수록 비유적이고 관용적 의미를 지니게 되며 반대로 갈수록 지구적 의미와 비관용적이며 예측가능한 의미를 지니게 된다.

그러나 구동사는 의미적으로 편의상 3개 그룹으로 나누어 볼 수 있다.

(i) 구동사가 문자적 의미(literal meaning)를 가지는 경우: hang up, sit down, take down, hand out, dish out, raise up, put down, take away, give back

(ii) 구동사가 행위의 완결(completion)이나 강조를 나타내는 경우: find out, wear out, drink down, burn down, turn off, die out, wind up, break down, wash out, fill up

(iii) 구동사가 비유적(figurative)이나 관용적(idiomatic)으로 쓰이는 경우: turn up, turn down, make up, look over, give in, put off, put out, put on, call on, look into

7. 비지시 There 구문

영어의 there는 지식적이며 장소를 가리키는 there 와 주로 문두에 와서 주로 존재의 개념을 나타내는 비지시적 there가 있다.

(150) Have you ever been to New York?
There are many skyscrapers there.

위의 담화에서 첫 번째 나오는 there는 비지시적 there이고 두 번째 나오는 there는 New York이라는 장소를 가리키는 지시적 there이다. 비지시적 there는 장소를 가리키는 지시적 there보다 훨씬 적은 강세로 발음된다. 또한 후자는 주어로서 기능을 못하지만 전자는 문두에서 형식적 주어로 기능을 할 수 있다.

Bolinger(1977)에 의하면 비지시적인 there의 기능이나 의미는 there가 없는 구문과의 대조해 봄으로 잘 설명 될 수 있다고 본다.

(151) An old barn is behind the poplars.

(152) There is an old barn behind the poplars.

양자의 차이점은 담화 맥락에서 찾아 볼 수 있는데 첫째 문장은 보다 긴 배경 설명에서 하나의 시각적 정보에 해당되고 두 번째 문장은 공간적 조직(spatial organization)을 이용하는 구두기술의 일부분이라고 할 수 있다. 다음에 나오는 text를 비교해 보도록 하자.

(153) The dilapidated farm does not appear to be inhabited. Some tall poplars shade the decaying house. An old barn is behind the poplars.

(154) Keep driving down this road, and you'll see a dilapidated farm. There are some tall poplars next to the house and (there's) and old barn behind the poplars.

첫 번째 text는 구어 대화(spoken dialog)에선 잘 볼 수 없으며 시각적인 장면을 확립하며 독자나 청자는 무엇인가 일어날 것 같은 것을 기대한다. 그러나 두 번째 text는 구화(speech)나 보고하는 말에서 자주 나타나며 청자를 보다 직접적으로 참여시켜 영향이나 기대감을 덜 주게 된다. 어떤 이유에서든 첫 번째 문장은 구두 증언의 일부로 사용되거나 회상된다면 다소 어색하게 들린다. 반면에 두 번째 문장이 이같이 사용되면 아주 자연스럽게 들린다:

(155) ?To the best of my recollection, an old barn is behind the poplars.

(156) To the best of my recollection, there is an old barn behind the poplars.

그래서 비지시적인 there의 의미는 청자에게 위치나 어떤 사물의 존재를 알려주기 위한 일종의 신호(signal)이다. 시각적인 자세한 사항을 기술하거나 존재를 전제하는 경우에는 there와 같은 그런 명시적 신호가 사용되지 않는다.

비지시적 there가 명확한 담화기능을 가진다는 점을 수용한다면 there 가진 구문이 there가 없는 문법적 대응문이 없는 경우에도 놀라거나 이상하게 생각할 필요는 없다.

(157) a. There is a Santa Claus.

b. * A Santa Claus is.

(158) a. There is another possibility that we haven't mentioned.

b. * Another possibility is that we haven't mentioned.

아마도 이들 문장에서 there의 사용은 담화기능과 관련이 있다. 주어진 정보 즉 구 정보는 문에서 서두 부문에 나타나고 신정보는 보다 나중인 문미 쪽에 나타나는 일반적 담화원리를 따라서 there를 사용함으로써 신정보는 문미에 후치되는 것을 허용하게 되는 것이다.

다음으로 비지시적 there의 사용과 더불어 주어 동사 일치관계를 살펴보도록 하겠다. there 구분의 공식적 용법에서는 주어 동사의 일치는 동사에 후속하는 명사구에 의해 결정된다. 다시 말해 문장의 논리적 주어에 의해서 결성된다.

(159) There is a book on the table.

(160) There are two books on the table.

그러나 구어에서는 심지어 교육받은 화자에서 까지 비지시 there는 단수 주어로 인식외어 주어 동사 일치에서 논리적 주어가 무시되는 경우가 발생한다.

(161) There's too many factions in Spain.

(162) There's a lot of differences among languages.

(163) There is too many factions in Spain.

이와 관련된 문제로서 there 뒤에 등위 접속된 명사구가 오게 되면 **근접원칙(proximity principle)**이 적용되는 경향이 있다. 즉 be 동사의 형태가 등위 접속 된 명사구의 논리적 수에 지배되기 보다는 be 동사의 가장 가까운 명사구의 수에 일치하게 되는 경우이다.

(164) There are two boys and a girl in the room.

(165) There is a girl and two boys in the room.

(166) There are a girl and two boys in the room.

다음으로 Be 동사 이외에 비지시적 there 구문이 사용되는 경우를 살펴보자. 물론 there 구문이 be 동사에 가장 많이 사용되지만 be 동사가 유일한 경우는 있다. there 구문과 공기하는 경우는 다음의 몇 가지 부류의 동사가 해당된다.

❶ 존재나 위치의 동사: exist, live, dwell, stand, remain, lie 등

(167) There exist several alternatives.

(168) At the edge of the forest, there lived an old men.

❷ 운동이나 방향의 동사 : go, walk, run, fly, approach, come

(169) There came there suspicious-looking men down the street.

(170) Along the river there walked an old woman.

❸ 출현이나 발생의 동사: arise, appear, emerge, ensue, occur, happen, break out

(171) There arose a conflict.

(172) There broke out a big fire in the market.

다음으로 주어 명사의 한정성(definiteness) 및 비한정성과 관련하여 살펴보도록 한다. 영어의 전통문법이나 변형문법이론에서는 비지시적 there 구문에

서 비한정적 주어만이 공기할 수 있다고 본다. 그것은 아마도 신정보는 비한정적 한정어(indefinite determiner)와 함께 도입되고 there 구문 역시 신정보를 주어로 도입하는 장치이기 때문이다. 그러나 예외적으로 동사 다음에 한정적 명사구가 주어로 오는 경우가 가끔씩 있다.

(173) There is the strongest man standing over there.

(174) There will soon appear the definitive edition of "Hamlet".

(175) There never was that problem in Miami.

위에서 첫째 문장의 the strangest man 은 최상급의 의미를 전달하기 보다는 "a very strange" 의미이고, 둘째 문장의 한정 명사구는 "the only"의 의미이며 셋째 문장 that problem은 조응적 that로서 이전에 언급했던 대상을 가리키는 것으로서 such의 의미를 지닌다. 또한 Rando & Napoli(1978)은 비지시적 there와 한정적 주어의 공기가 다음과 같이 여러 개 항목을 열거할 때도 일어난다고 본다.

(176) Q: What is there to do at UCLA?

A: Well, there's the sculpture Gardens, the Art Gallery, and a good coffee shop.

(177) Q: Damn! Who know about this?

A: There's you, me, and George. That's all.

제6장

담화 문법

정보구조- 구정보와 신정보 | 정보 단위(Information Unit)
초점의 개념 및 구조 | 초점의 표현 방법
주제(Topic) | 초점과 강조

제6장

담화 문법

정보구조- 구정보와 신정보 | 정보 단위(Information Unit) | 초점의 개념 및 구조
초점의 표현 방법 | 주제(Topic) | 초점과 강조

1. 정보구조 - 신정보와 구정보

화자가 청자에게 정보를 전달할 때 화자는 아무렇게나 문장을 구성하거나 배치하는 것이 아니라 가장 정보가 효율적으로 전달되도록 엮어나가거나 배치할 필요가 있다. 이를테면 우리가 담화 시 동원하는 문법규칙도 의사소통의 효율성을 위해서 사용되고 동원된다고 보아야 할 것이다.

화자와 청자 간의 효과적인 의사소통이 이루어지기 위해서는 화자가 정보를 전달할 때 청자를 고려해서 정보를 전달해야만 한다. 화자가 상대방이 모르는 전혀 새로운 사실만을 나열한다면 무슨 이야기인지 알아들을 수 없다. 즉, 화자는 청자가 가진 어느 정도의 전제된 예비지식을 근거로 하여 거기에다가 새로운 사실을 추가하는 형태로 하여 전달 할 때 의사전달이 효과적으로 이루어진다. 따라서 화자는 청자가 그 예비지식을 활용하여 새로운 지식을 받아들이도록 문장이나 담화를 구성하지 않으면 안 된다. 청자가 이미 알고 있는 지식을 구정보(old information) 또는 주어진 정보(given information)라고 하고 화자가 새로이 추가하는 지식을 신정보(new information)라고 한다. 이 양자를 대조해서 그 특징을 나타내면 다음과 같다.

구 정보(given information)	신 정보(new information)
예측 가능(predictable)	예측 불가능(unpredictable)
복구 가능(recoverable)	복구 불가능(unrecoverable)
전제된 지식(presupposed knowledge)	비전제된 지식(not presupposed knowledge)
사전 언급정보(previously mentioned)	사전 언급이 없음(not previously mentioned)
화제, 주제(topic, theme)	평언, 제술(comment, rheme)

신정보와 구 정보는 위의 도표에서 제시한 대조적 차이점을 나타내지만 그 구별은 반드시 고정적인 것이 아니라 청자와 화자가 관련된 환경에 의해 결정된다. 그런데 이 환경은 반드시 언어적 성질의 것일 필요는 없고 언어외적 지식도 포함될 수 있다. 그리고 신정보와 구정보의 구별은 청자에게서의 차이이며 그것을 판단하는 쪽은 화자이며 정보상으로 신정보냐 구정보냐 하는 것은 어디까지나 화자 편에서 본 추측에 해당된다.

Chafe(1976)에 의하면 구정보는 발화시 화자의 의식 속에 있는 지식으로 규정하고 있다. 이와 반대로 신정보는 청자가 전혀 모르고 있는 사항이 아니라 알고 있더라도 발화시에 청자의 의식 속에 들어있지 않은 사항을 포함하게 된다. 어떤 사항이 사람의 의식 속에 있는 시간은 매우 짧아서 앞문에서 언급한 것은 뒷문을 들을 때 의식 속에서 사라지는 것이 보통이다. 이를테면 S_1, S_2, S_3의 순서로 문장이 발화되었을 때, S_3를 들을 때는 S_1에 관한 내용은 청자의 의식으로부터 상당부분 사라져 버린다고 그는 말하고 있다.

Halliday는 구정보는 앞의 문맥에서 이끌어 낼 수 있고 복구할 수 있는(recoverable) 정보이며 전후 문맥상 예측 가능한(predictable)정보로 규정하여 앞의 문맥에서 말한 것으로부터 청자가 자신이 가진 지식에 따라 추론해 낼 수 있다고 화자가 판단하는 사항까지 구정보가 된다고 하였다.

문 가운데서 구정보를 표현하는 방식은 여러 가지 형태로 나타난다. 음성적으로 볼 때 구정보는 비강세(unstressed)로 발화되며 형태상으로는 대용형

(pro-form)과 생략(ellipsis)이 그 대표적 예이다. Halliday and Hasan(1976)은 구정보와 연관된 표현 형태로 **반복(iteration), 지시(reference), 대용(substitution), 생략(ellipsis), 어휘적 응집(lexical cohesion)** 등을 들고 있다. 이들 각각에 해당하는 예를 들어보겠다.

지시(reference)

(1) When I was a child, my father often bought me ice cream. That was my favorable.

(2) Last week I met my friend in a hall. The hall was decorated with many paintings.

(3) Yesterday I saw Mary. She looked terrible.

대용(substitution)

(4) These biscuits are stale. Get me fresh ones.

(5) John hit Mary, and Bill did so too.

(6) Charles is now an actor. Given half a chance I would have been the same.

생략(ellipsis)

(7) John went to the movie, and Mary to the concert.

(8) I went to see the cricket. George was watching already.

(9) "I finished writing that story and it's going to be published."
"When?"

반복(iteration)

(10) Peter went to see Othello. The tragedy really impressed him.

(11) Can you tell me where to stay in Geneva? I've never been to the place.

어휘적 응집(lexical cohesion)

(12) Yesterday my fanbelt broke. I couldn't use the car all day.

(13) I have an acoustic guitar. The strings are metal.

(14) When I have watermelon, I try not to eat the seeds.

신정보는 구정보에 비해 화자나 청자에게 중요성을 지니게 된다. 이미 알고 있는 정보는 news value를 지니지 못하고 관심 대상에서 벗어나 있기에 힘을 실어서 강조해서 말할 필요가 없다. 그러나 뉴스거리가 되는 새로운 사실은 화자로서도 강하게 힘을 실어 이야기할 것이고 청자도 관심의 집중 대상이 될 것이다. 일반적으로 Mathesius(1975), Firbas(1992) 등이 발선시킨 FSP (Functional Sentence Perspective)와 최근 기능문법 주의자의 이론에 의하면 영어문장의 어순상의 정보구조 배치는 다음과 같다.

그래서 주어가 위치하는 부분은 대개 문두이기에 구정보 요소에 해당되고

목적어가 위치하는 부분은 보통 문미이기에 신정보를 나타내게 된다. 그러나 전달되는 정보의 흐름이 항상 문법적인 단위(주어나 목적어 등)와 일치하는 것은 아니다. 정보구조는 문법구조와 독립된 단위라고 보아야 하며 정보단위(information unit) 중 음조(intonation) 면에서 가장 두드러지고 강세가 주어져 음조의 중심이 되는 부분을 정보초점(information focus)라고 한다.

2. 정보단위(Information Unit)

정보구조 측면에서 담화는 정보단위로 구성된다고 보고 있다(Halliday 1976). 화자가 일정한 전달내용을 자신이 전하고 싶은 단위로 나타내는 것인데 그것이 선형적으로 이어져 통합된 담화가 된다. 예를 들어 문장이 길고 정보량이 많을 때에는 그것을 하나의 큰 덩어리(chunk)로 한꺼번에 전하지 않고 청자가 알아듣기 쉽도록 작은 구분단위로 나누어 말한다. 대개 발화시 호흡단위(breath group)와 일치하는 경우가 많다. 각 정보단위에는 최소한 1개의 정보초점이 존재하며 정보초점에 해당하는 부분은 강세가 주어지며 음조의 중심이 된다. 정보단위는 문법적 단위와는 서로 별개이며 한 개의 문이 하나의 정보단위도 될 수 있고 여러 개의 독립된 정보단위로 구성될 수 있는데 아래와 같다. 일반적으로 comma 또는 휴지(pause) 부분을 경계로 정보단위가 구분된다.

(15) / I find it incompre*hen*sible /

(16) / The year before *last,* / which is the world's largest *animal,* / has been hunted almost to ex*tin*ction. /

(17) / He opened the *door* / and walked straight *in.* /

3. 초점(Focus)의 개념 및 구조

초점은 정보구조상 신정보 안에서 가장 중요한 정보를 지닌 요소, 즉 화자와 청자에게 주의가 집중되는 요소가 된다. 따라서 이 초점을 확실하게 파악하고 이해하는 것이 효과적 의사전달을 위해 반드시 필요하다. Dik(1979: 93)은 초점을 화용론적 차원에서 다음과 같이 정의하고 있다.

Focus is a constituent with focus function which provides the relatively most important or salient information in the given context and situation.

한편 Halliday(1967)나 Quirk(1972)는 음조 면에서 정의를 내리고 있는데 전자는 초점 영역 중에서도 마지막에 강세가 오는 단어가 초점이 된다고 하였다.

(18) I am looking for the caretaker who looks after this block.

위의 예문 (18)에서 'the caretaker who looks after this block'이 초점영역이 되며 마지막으로 강세가 오는 'block'만이 으뜸음(tonic segment)으로써 바로 초점이라는 것이다. Quirk가(1972: 937)도 음운적인 면에서 음조의 핵이 되는 부분이 초점이라고 보았다.

(19) …[Focus] represents a unit of information, and the place where the falls is the focus information.

그러면 예문을 중심으로 초점에 해당되는 경우를 구체적으로 살펴보자.

(20) a. What did John buy at the market?
b. John bought a *melon* at the market.

(21) a. Where is Bill going?

b. He's going to the *airport.*

(20a)와 같은 질문의 초점은 다른 어떤 것보다 John이 무슨 물건을 시장에서 샀느냐 하는 문제가 관심의 대상이므로 자연히 이에 대한 응답으로는 'what'에 대한 내용인 melon이 핵심적인 가장 중요한 정보인 초점에 해당된다.

초점의 유형으로 말하자면 문미 초점(end-focus)과 대조적 초점이 있다. 문미 초점은 화자가 가장 중요한 초점 정보를 문미에 배치하고 문두를 향한 위치에는 정보량이 적거나 덜 중요한 정보(구정보)를 일반적으로 배치한다. 이렇게 하는 것은 인지 심리적 부담을 줄이면서 초점에 청자의 주의를 끌어들임으로써 효과적인 정보전달을 하려는 의도에서이다. 문미 초점은 다시 화자 또는 주어의 주장을 나타내는 단언적 초점(assertive focus)과 중요한 정보를 제시하는 제시적 초점(presentational focus)로 나누어진다.

(22) a. John was born in *Washington.* (assertive focus)

b. There hangs on the office wall *a picture of Queen Elizabeth.* (presentational focus)

(22 a)는 화자가 John이 태어난 장소가 Washington 이라는 명제 내용이 사실임을 주장하기 위해 사용한 발화이며 (22 b)는 화자가 담화의 세계에 새로운 상황을 제시하기 위하여 사용한 발화이고 a picture of Queen Elizabeth를 초점으로 제시한다.

대조적 초점은 대조의 대상들 중 가장 두드러진 요소가 된다. 대조적 초점은 문장의 어느 곳에서나 나타날 수 있으며 신정보 요소는 물론 주어진 정보요소도 초점이 될 수 있고 대조 강세를 줌으로써 표현된다.

(23) a. John is *smart,* and Bill is *handsome.*

b. I live in *this* house (not *that* house).

c. *Bureaucracy* can be worse than *autocracy.*

4. 초점 표현 방법

1) 음운적 방법

구어체에서는 화자는 의사 전달 시 강세(stress)와 억양(intonation) 같은 음운적인 방법을 사용하여 효율성을 기한다. 발화는 여러 가지 정보단위(units of information)를 나타내는 성조단위(tone units)로 나누어지는데 각 성조단위 안에 들어 있는 핵(nucleus)은 가장 강한 강세를 받는 음절로 정보의 초점을 나타낸다.

(24) We'll spend our summer holiday in ALASKA.

(25) We called BOB yesterday.

(26) The year before LAST, we spent our holiday in NEW YORK.

위의 예문에서 (24), (25)는 각각 문장전체가 한 개의 성조 단위로 이루어진 경우이며 따라서 각각 하나의 초점이 존재한다. 그러나 (26)은 두 개의 성조 단위이기에 두 개의 초점이 존재한다.

2) 통사적 방법

통사적 초점 표현 방법으로는 도치(inversion), 외치(extraposition)와 같은 어순을 변화시키는 방법과 분열 구문(cleft sentence)같은 특수한 문장구조를 이용하여 초점을 표시할 수 있다.

(27) Over the bed hung *a mosquito net.*

(28) A man came into the room *who wore a red tie.*

(29) It was *in the church* that I met her.

(30) What Jane collects is *stamps.*

위의 예문 (27)은 주어와 부사구가 도치된 경우로 중요정보를 전하는 주어가 문미로 후치되고, 비교적 정보가치가 낮은 부사구가 문두로 이동된 경우이다. (28)은 who wore a red tie 를 강조하기 위하여 a man 이라는 명사구에서 외치된 구조에 해당된다. 그리고 (29), (30)은 모두 초점을 유도하기 위한 특수한 통시적 문구조로 (29)는 it ~ that 사이에 그리고 (30)은 be 동사 다음에 초점이 오게 된다.

5. 주제(Topic)

언어에 의한 전달행위의 기본 유형은 '…에 관해서'와 '…을 말한다'로 이루어진다. '…에 관해서'에 해당 부분을 주제(theme, topic)이라 부르고 그것에 관해 말하는 부분을 평언(comment) 또는 제술(rheme)이라 부른다.

주제는 문 주제(sentence topic)와 담화 주제(discourse topic)로 분류할 수 있다. 문 주제는 담화가 하나의 문장으로 이루어진 경우, 문장내의 주제 가능 요소(topical elements)중 하나를 선택하여 그 요소가 나타내는 실체에 부여한 기능이다. 담화주제는 하나 이상의 문장으로 이루어진 큰 단위를 지배하는 것으로 동일 문주제의 반복으로 이루어지는 경우도 있지만 담화구성요소들이 나타내는 명제내용에 따라 얻어지는 추상적인 것도 있다.

(31) a. Chomsky is a careful researcher and a knowledgeable semantist.
b. But his originality leaves something to be desired.

문 (31a)의 문 주제는 Chomsky 이고 (31b)의 문 주제는 his originality이다. (31)의 담화주제는 두 명제 내용으로부터 추론할 수 있는 Chomsky's scholarly ability이다. 여기서는 담화주제가 아닌 문 주제에 국한해서 언급하기로 하겠다.

문주제의 기능은 추측하는 서술내용이 적용될 수 있는 범위를 한정해 주는 틀의 기능을 한다. 즉 주제는 서술의 대상(aboutness: the object of being talked about)을 가리킨다.

주제가 되는 요소가 문내에서 형태상으로 문두에 오고 '…에 관해'라는 역할을 하게 될 때 가장 일반적 주제는 문의 주어이다. 이와 같이 문의 주어로서 오는 주제를 무표적 주제(unmarked topic)이라고 한다. 영어에서는 대부분 주어가 주제가 겹쳐오는 경우가 대부분이다. 다음 예를 보자.

(32) a. John beat Bill.
 b. Bill lost to John.

(32 a)에서는 주제가 John이고 (32 b)에서는 주제가 Bill이다. 동시에 John과 Bill은 각각의 문장에서 주어 역할을 하고 있다. 그래서 (32 a)의 문 해석을 보다 정확히 하자면 "John에 관해 얘기하자면 John이 Bill을 때렸다"는 뜻이 되고 (32 b)는 "Bill에 관해 얘기하자면 Bill이 John에게 졌다"는 뜻이 된다. 그러나 다음의 경우는 문제가 달라진다.

(33) As for that dress, I promise I won't wear it.

(34) Speaking of Mary, many boys would like to kiss her.

(33), (34)에서는 문의 주어가 주제가 아니라 as for~, speaking of 등의 어구로 그 다음에 오는 대상이 주제임을 의도적으로 분명히 나타내고 있는데 이러한 주제를 유표 주제(marked topic)라고 부른다. 유표 주제와 뒤에 따르는

부분 사이에는 휴지(pause)가 대개 오며 이를 통해 서로 다른 정보 단위임을 나타낸다.

또한 유표 주제는 보통 일반적으로 문두에 나타내지 않는 요소를 문두에 두게 되면 그것이 문 전체의 주제가 되는데 유표주제의 또 다른 예를 들어보자.

(35) a. The play, John saw yesterday. (유표 주제)

b. I saw the play yesterday. (무표 주제)

(36) a. Yesterday, I saw the play. (유표 주제)

b. I saw the play yesterday. (무표 주제)

위에서 (35 a), (36 a)는 주제라는 것을 돋보이게 하기 위해 주어 앞의 문두에 배치한 유표 주제이고 (35 b), (36 b)는 보통의 어순을 취한 경우로서 주어가 곧 주제가 되는 무표 주제에 해당된다.

다음으로 주제의 수에 관해 이야기 해보도록 하자. 화자가 명확한 정보전달을 위하여 전달 대상이나 영역을 명시하게 되는 주제는 원칙적으로 한 문장에 하나가 바람직하다. 주제가 한 문장에 여러 개 나오는 경우(복수 주제) 혼란을 초래하게 되어 비문이 되는 경우가 있다.

(37) a. Where did you see the play? (무표 주제)

b. * Where, the play did you see?

c. The play where did you see? (그 연극은 어디서 보았나?)

위의 (37 a)는 where 이 무표적인 단일 주제로 지극히 정상적 표현이고 (37 b)에서처럼 play를 앞으로 옮기면 의도적으로 '…에 관해서는'이라는 뜻의 유표적 주제가 되어 where를 통한 주제 관계에 또 다른 주제가 오게 되어 전체 주제 관계가 무너지게 되므로 비문이 된다. 그러나 (37 c)는 (36 b)와 조금 다르다. 왜냐하면 Where did you see 부분은 그 자체가 의문문으로서 보통의 〈주제-제술〉의 형태를 이루고 있고 문두의 the play가 전체의 주제가 되어 있기에 이중의 주제관계가 무리 없는 형태로 이루어져 있다. 그래서 (37 c)의 뜻은 '그 연극으로 말하자면 너는 어디서 보았니?'의 뜻이 된다. 그러나 유표 주제가 이중으로 겹쳐오면 비문이 된다.

(38) a. John saw the play yesterday.
　　b. * The play, yesterday John saw.

위의 예문 (38 b)는 the play와 yesterday 두 요소 모두 유표주제로서 앞으로 이동되어 있음으로 해서 이 문장은 '연극에 관해서' 말하는 문인지 '어제에 관해서' 말하는 문인지 모호해지기 때문에 비문이 된다.

6. 초점과 강조

문법적 초점에는 두 가지 서로 다른 유형이 있다. 첫 번째 초점유형은 구성소를 문두에 두던가 아니면 문미에 둠으로서 어순을 재배열하며 담화에서 특별히 강조되는 경우이며 나머지 하나는 특별한 구문을 사용함으로써 문법적 초점이 주어지는 경우이다.

1) 어순 초점

영어에는 여러 가지 형태의 부사어 전치 유형이 있다. 먼저 여기서는 주어/조동사, 주어/동사 도치를 포함하지 않는 단순 부사어 전치부터 살펴보도록 하겠다.

〈시간의 부사어〉

(39) a. He jogs in the morning.

b. In the morning he jogs.

〈방법의 부사어〉

(40) a. John proceeded to carve the roast skillfully.

b. Skillfully John proceeded to carve the roast.

〈이유의 부사어〉

(41) a. I made some unfortunate remarks at the meeting because I was annoyed.

b. Because I was annoyed, I made some unfortunate remarks at the meeting.

〈목적/의도의 부사어〉

(42) a. We went to Boston in order to see Mr. Brown.

b. In order to see Mr. Brown we went to Boston.

〈조건의 부사어〉

(43) a. We can have a picnic this weekend if it doesn't rain.

b. If it doesn't rain, We can have a picnic this weekend.

〈빈도의 부사어〉

(44) a. Jim drives 50 miles every day.

b. Every day Jim drives 50 miles.

위의 각 경우에서 부사어를 문두로 옮김으로써 보다 큰 초점을 부여하게 되고 부사어의 문두의 위치는 담화에서 강조를 하든지 혹은 대조를 나타내게 된다.

그러나 부사어를 문두로 가져오게 됨으로 주어, 동사의 위치가 서로 바뀌어 도치되는 경우도 있다.

(45) a. I have never seen such a mess.
b. Never have I seen such a mess.

(46) a. His manner was so absurd that everyone laughed at him.
b. So absurd was his manner that everyone laughed at him.

이와 같은 경우에서는 부사어 전치로 인한 담화기능은 감탄의 의미를 강조하는 것 같이 보인다.

부사어가 전치 될 때 주어 동사가 도치되는 경우와 도치되지 않는 경우 모두 가능한 경우가 있는데 이때에 각 경우에 전달하는 의미는 각각 다르다고 할 수 있다.

(47) a. John ran into the house.
b. Into the house John ran.
c. Into the house ran John.

(48) a. An elm tree stands in the garden.
b. In the garden an elm tree stands.
c. In the garden stands an elm tree.

위의 각 (47 b), (48 b) 문장은 부사어 전치로 인하여 담화상 강조나 대조를 나타내는데 반하여 (47 c), (48 c) 문장은 문미에 오는 주어에 초점을 부여하게 된다. (47 b), (48 b) 문장은 무언가 불안정한 분위기가 감도며 주어 NP가 회자나 독자에 의해 선택되어 청자나 독자의 기대에 어긋나는 느낌을 전달하게 된다.

(47 b), (48 b) 문장이 예상 밖의 사실을 표현한다는 점을 좀 더 구체적으로 다음의 text에 연결되는 문장을 통해서 살펴보면 다음과 같다.

(49) Ron York had given me detailed instruction on how to find his house: he was to meet me there with money. I drove up the driveway and got out of my car. Just as the car door closed, I heard the main door to the house open.

(50) a. Ron York stepped out of the house.
b. Dan Carlyle stepped out of the house.

(51) a. *Out of the house stepped Ron York.
b. Out of the house stepped Dan Carlyle.

(51 a) 문장에서는 Ron York이 예상 밖의 사람이 아니기에 수용가능한 문장이 아니다.

지금까지 부사어 전치의 예를 살펴보았는데 지금부터는 부사어 이외의 다른 구성소의 전치에 대해 알아보도록 하겠다.

〈현재분사 전치〉

(52) a. Our missing uncle was sitting at the table.
b. Sitting at the table was our missing uncle.

〈과거분사 전치〉

(53) a. Several barrels of wine were hidden in the cellar.
b. Hidden in the cellar were several barrels of wine.

〈비교 구문 전치〉

(54) a. What he said was more important than what he did.

b. More important than what he did was what he said.

〈부정요소 전치〉

(55) a. They will leave the county under no circumstances.

b. Under no circumstances will they leave the county.

위에서 현재분사, 과거분사의 전치된 경우는 방향(direction)이나 장소(location)의 전치에서 예상 밖의 일을 나타낸 경우와 마찬가지 의미를 전달하게 된다.

그러나 비교구문이나 부정요소의 전치의 경우에는 동일하게 예상 밖의 일을 나타내는지 분명치 않다. 단지 비교구문의 전치경우는 비교구문의 전치로 인해 후치된 요소에 초점이나 강조를 부여하게 되며 부정요소의 전치의 겨우는 부정표현에 초점을 부여하여 특별히 강조하게 된다.

2) 초점 구문(Focus Constructions)

영어에서 대표적인 초점구문은 분열문(cleft sentence)과 유사분열문(pseudo-cleft sentence)의 두 가지이다. 분열문은 명사구를 위시하여 어떤 특별한 구성소에 초점을 부여하는 아주 특수한 유표 구문(marked construction)이다. 분열구문은 대조(contrast)의 의미를 함축하고 있다.

(56) a. The manager mows the lawn.(Neutral)

b. It's the manager $\left\{ \begin{array}{l} \text{that} \\ \text{who} \end{array} \right\}$ mows the lawn.(Cleft)

분열문에서 초점요소가 될 수 있는 요소는 주어 NP, 목적어 NP, 치사구이다.

(57) a. It's the teacher who corrects the papers.
b. It's power that the president wants.
c. It's in the kitchen that I study.

초점이 부정일 때 긍정적인 전제는 대조성을 띄며 but 구에 의해 표현될 수 있으며 but에 의한 대조적 전제는 전치되어 초점요소로 이동될 수 있다.

(58) a. It's not the gardener who mows the lawn(but the manager).
b. It's not the gardener, but the manager, who mows the lawn.

분열문의 be 동사가 오는 곳에는 동사로서 주변적 서법조동사(periphrastic modal)나 완료상의 HAVE … EN, 진행상의 BE … ING는 올 수 없다.

(59) a. *It is able to study that I am in the kitchen.
b. *It's have written those books that Peter has done.
c. *It's correcting the papers that the teach was (doing).

그러나 초점 요소 내에 법조동사는 올 수 있다.

(60) a. It might be Mary who stole the money.
b. It might be the butler who killed Mr. Smith.

또한 It + BE 요소의 시제는 주문장의 시제를 그대로 사용해야 한다는 주장은 옳지 않다 시제가 서로 다를 수도 있다.

(61) It is the butler who killed Mr. Smith (not his wife).

(62) It can't be Peter who wrote this book.

분열문에서는 대조강세가 주어지는 것을 제외하고는 분열문은 관계절과 유사하다. 예를 들어 다음 문장의 경우는 관계절인지 분열구문인지 중의성을 지니게 되는데 문맥상황이 주어지면 중의성이 해결된다.

(63) It's the woman $\left\{ \begin{matrix} \text{that} \\ \text{who} \end{matrix} \right\}$ cleans the house.

위의 문장이 "Who's that?"에 대한 대답인 경우는 관계절이요 "Who cleans the house - the man or the woman?"에 대한 답이면 분열문이 된다.

다음으로 유사분열문(pseudo-cleft sentence)에 대해 살펴보자 중립문과 유사분열문을 비교해 보면 다음과 같다.

(64) a. He is a complete fool.(Neutral)

b. What he is, is a complete fool.(Cleft)

(65) a. We found the key in the flowerpot.(Neutral)

b. Where we found the key was in the flowerpot.(Cleft)

유사분열문은 계사인 BE 동사 바로 다음에 특별히 강조하는 요소가 온다. Wh에 의해 시작되는 절은 전제에 해당되고 BE 동사 뒤에는 초점이 주어지고 강조가 된다.

초점구문은 보다 덜 강조적인 의미를 전달하는 선행사를 포괄하고 있는 관계절과 구별되어야 한다.

(66) <u>What he said</u> doesn't concern me.

(= The thing that he said)

(67) Where he was born doesn't concern me.

(= The place where he was born)

3) 문법적 강조 표시어

문장에서 조동사가 강세를 받으면 전체 문장이 보다 강조를 받게 된다. 흔히 do 라는 강조의 조동사가 사용된다.

(68) a. That will be nice.

b. It does taste nice.

강조의 Do 조동사는 위의 예문에서처럼 긍정 서술문에서도 강조의 표시어로 나타나지만 명령문과 Wh 의문문에서도 사용된다.

(69) Do come in, please!

(70) Who dose earn that kind of money?

강조의 Do는 몇 가지 서로 다른 담화 및 통사 맥락에서 사용되어 적어도 다음의 다섯 가지 의미를 나타낸다.

i) 전체 문장의 긍정적 강조 … Do 는 흔히 강조부사 really나 certainly 등과 함께 흔히 나타난다.

(71) I certainly do hope they win the game.

(72) I really do like that color on you.

ii) 빈도부사와 함께 동사 의미의 강조

(73) The horse he bet on always did win.

(74) The guest we were waiting for never did arrive.

iii) 몰랐던 일이나 의심스러웠던 일에 대한 긍정적 결과의 강조

(75) I am relieved to know that he <u>does</u> like beef stroganoff.

iv) 부정 진술에 대한 긍정적 반론

(76) My teacher claims that I didn't turn in my paper, but I <u>did</u> turn it in.

v) 대조에 가까운 강한 양보

(77) Even though I dislike most nonclassical music, I do find myself fascinated by Dixieland jazz.

다음으로 강조의 재귀대명사 사용을 통해 특정명사를 사용하는 경우가 있는데 다음 예문을 통해 살펴보도록 하자.

(78) a. The owner himself built the house.
b. The owner built the house himself.
c. The victims themselves can't explain how terrible the accident occurred.
d. I saw the president himself.

위의 예문 a, c, d에서 보듯이 강조의 재귀대명사는 그것이 수식하는 명사 바로 뒤에 따라갈 것이 정상이다. 변형문법의 틀 내에서는 a, b 문장은 동일한 기저구조를 갖는다고 본다. 그러나 어떤 문법학자는 a, b 문장이 의미가 조금 다르다고 본다. a 문장은 소유주가 자신이 의도적 행동으로 집을 직접 지었다는 의미이고 b 문장은 다른 어떤 사람도 배제하고서 소유주가 혼자 힘으로 집을 지었다는 것이다.

또한 명사구 안에서 중심어(head noun)를 수식하는 소유형용사 own을 부가함으로 강조의 의미를 전할 수 있다.

(79) a. Chomsky developed his <u>own</u> theory about the sentences.

b. Is that Johnny's very own Ferrari?

c. He cooks his own meals.

제7장

의미론

단어의미의 분석 I 의미관계(Semantic Relation)
선택제약(Semantic Restrictions)
함의(Entailment)와 전제(Presupposition)
의미역 관계(Thematic Relations)
합성성의 원리(Compositionality)

제7장

의미론

단어의미의 분석 | 의미관계(Semantic Relation) | 선택제약(Semantic Restrictions)
함의(Entailment)와 전제(Presupposition) | 의미역 관계(Thematic Relations)
합성성의 원리(Compositionality)

1. 단어 의미의 분석

단어 의미의 분석은 한 단어를 최소 변별적 의미 자질(minimal distinctive semantic feature)로 분석해 내려가는 과정이라 볼 수 있다. 성분 분석론(componential analysis)에서는 의미의 속성들을 대문자를 사용하여 격괄호 안에 넣어서 표시하며 이러한 의미 속성들을 의미 자질이라 부른다. 영어의 spinster는 [Female], [Never Married], [Adult], [Human]과 같은 자질로 이루어진 의미론적 복합체로 분석될 수 있다. 또한 kill과 같은 영어동사는 [Cause], [Become], [Not], [Alive]와 같은 의미 자질로 이루어진 단어이다. 의미 자질은 +/- 부호를 사용하여 표시하는데 +는 그 자질을 내포한다는 뜻이고 - 는 그 자질을 내포하지 않는다는 뜻을 나타낸다. 몇 개의 어휘를 예를 들어 그것의 의미 자질을 표시하면 다음과 같다.

Woman	Father	Girl
+ Famale	+Male	+Famale
+Human	+Human	+Human
−Young	+Parent	+Young
:	:	:

2. 의미 관계(Semantic Relation)

1) 동의성과 다의성

동의성은 의미는 하나이지만 여러 개의 형태를 가질 때 발생하고 역으로 다의성은 형태는 하나이나 그 형태에 따른 의미 해석이 여러 개 존재할 때 생기게 된다.

	SYNONYMY	AMBIGUITY
MEANING	one	many
FORM	many	one

이것을 달리 표현하면 다음과 같은 관계로 표현할 수 있다.

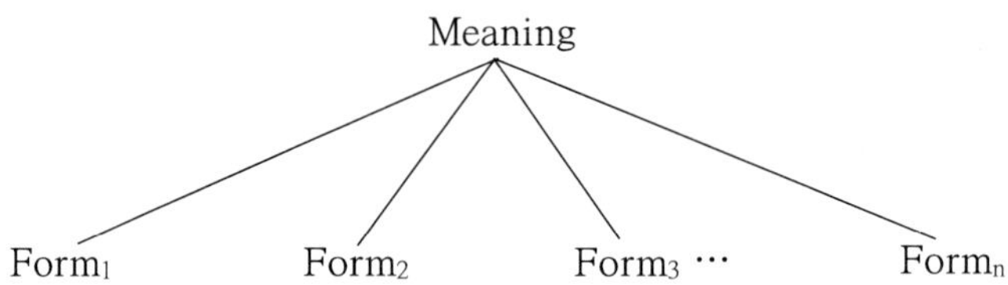

Synonymy(Paraphrase)

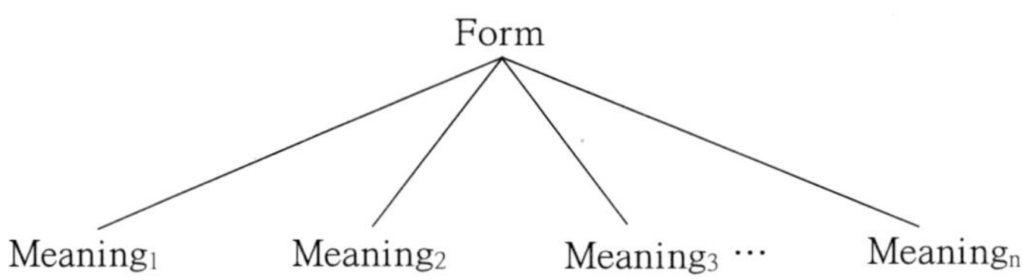

Ambiguity

위의 의미(meaning)와 형태(form)의 관계를 변형 문법적 차원에서 검토하면 심층구조(deep structure)와 표면구조(surface structure)란 용어로 각각 대치할 수 있다.

동의성(synonymy)의 예를 구체적으로 들어 보면 영어의 능동문과 그에 대응하는 수동문은 형태는 다르지만 그 문장들이 지니는 기본적 의미는 같으므로 동의성 관계에 놓여 있게 된다. 다음에 예시된 문장들은 의역(paraphrase) 즉 동의성 관계에 놓여 있게 되므로 의미가 모두 같다고 볼 수 있다.

(1) Computers retrieve information easily.
(2) Information is easily retrieved by computers.
(3) It is easy for computers to retrieve information.
(4) For computers to retrieve information is easy.
(5) Information is easy to retrieve by computers.
(6) Computers retrieve information with easy.
(7) Computers' retrieval of information is easy.
(8) Retrieving information by computers is easy.
(9) For information to be retrieved by computers is easy.
(10) To retrieve information by computers is easy.
(11) To retrieve information is easy for computers
(12) Information retrieval by computers is easy.

다의성(ambiguity)의 구체적 예를 들어 보면 우선 단어 수준에서 bank 라는 단어는 '은행'이란 의미도 있지만 동시에 '뚝', '제방'이라는 의미도 있어 중의성을 지닌다.

영어에서 다음의 각 문장들은 중의성을 지니는 문장들에 해당된다.

(13) Visiting relatives can be a nuisance.
(14) Flying planes can be dangerous.
(15) She fed her dog biscuits.
(16) The policeman killed the burglar with a pistol.
(17) The man by the house with the dog is my cousin.

(18) He waited while she dressed anxiously.

(19) She married the man she met in the post office.

그리고 다음의 문장은 다의성을 지니는 문장으로 의미 해석상 복잡한 문제를 안고 있다.

(20) They ordered the police to stop drinking after midnight.

위의 (20)의 문장은 최소한 6개의 뚜렷이 구별된 의미를 나타낼 수 있다.

(21) They ordered the police to stop their own (the police's) drinking after midnight, on any given day.

(22) They ordered the police to stop other people form drinking after midnight on any given day.

(23) They ordered the police to stop permanently all drinking of their own as of midnight.

(24) They ordered the police to stop other people from any further drinking permanently from that particular midnight onward.

(25) It was after midnight when they ordered the police to stop their own drinking.

(26) It was after midnight when they ordered the police to stop other people's drinking.

3. 선택 제약(Selectional Restriction)

영어의 문장이 통사적으로 잘 짜졌다 하더라도 의미적으로 무의미한 변칙적인 문장이 된 경우를 볼 수 있다.

(27) The boy drank the stone.

(28) The wall laughed.

(29) Colorless green ideas slept furiously.

(30) Truth broke the window.

(31) John scattered the door.

(32) Our brother became pregnant.

위의 (27)~(32)의 문들은 통사적 조직에서는 하등의 비문법성이 발견되지 않는다. 그러나 (27)의 경우 의미상 성립될 수 없는 이유는 drank라는 동사는 후속하는 목적어가 [+liquid]의 자질의 목적어가 와야 된다. 이를테면 water, juice, alcohol, ink 등의 명사 목적어가 되어야 의미상 정문이 될 수 있다. (28)의 경우에는 laughed라는 동사에 주어는 〈+human〉의 의미자질을 가진 경우만 미소를 지을 수 있으며 (30)의 경우는 〈+abstract〉 자질을 가진 명사주어가 창문을 결코 깨트릴 수 없기에 비문이다. (31)의 경우는 scatter라는 동사는 목적어 명사가 여러 개의 요소로 구성된 집합체 명사를 요구하며 (32)의 술어는 주어가 〈+female〉의 자질을 가지지 않기에 비문이다. 이와 같이 특정한 술어(동사)에는 그 특정한 술어(동사)가 가지는 의미자질을 가지는 주어나 목적어를 요구하는 현상을 선택제약(selectional restriction)이라고 한다.

4. 함의(Entailment)와 전제(Presupposition)

두 문장 S_1과 S_2가 있을 때 S_1이 진리이면 S_2가 진리이고 S_2가 거짓이면 S_1도 거짓이 될 때 문장 S_1은 문장 S_2를 함의(entailment) 한다고 한다. 예를 들어 'That person is a bachelor'라는 문장(S_1)은 'That person is a man'이라는 문장(S_2)을 함의한다. 또한 'The apple is red'라는 문장은 'The apple has a color'라는 문장을 함의한다고 볼 수 있다.

이에 반해 전제는 함의와 구별된다. S_1이 진리이면 S_2가 진리이고 S_2가 거짓이면 S_1은 아무런 진리치를 갖지 못하기에 진리도 허위도 아니다 다른 여러 예문에서 전제 관계를 살펴보면 다음과 같다.

(33) The present king of France is bald.

(34) The present king of France is not bald.

(35) There is a present king of France.

(36) John realizes that his car has been stolen.

(37) John does not realize that his car has been stolen.

(38) John's car has been stolen.

위의 문장 (33)은 (35)를 전제한다. 그 이유는 (33)이 진리이면 (35)도 진리이며 (35)가 거짓이면 (33)은 (33)의 진리치(T/F)를 말할 수 없기 때문이다. 뿐만 아니라 부정문인 (34)도 (35)를 전제로 한다. 그리고 문 (36)은 (38)을 전제한다. 그 이유는 (36)이 진리이면 (38)도 진리이고 (38)이 거짓이면 (36)의 진리치를 논할 수 없기 때문이다. 그리고 부정문인 (37)도 (38)을 전제한다고 볼 수 있다.

이상의 문장의 함의와 전제를 진가표(truth-table format)로 요약해 제시하면 다음과 같다.

〈truth-table format〉

함의(Entailment)		전제(Presupposition)	
S_1	S_2	S_1	S_2
T ⟶ T		T ⟶ T	
F ⟵ T		-(TvF) ⟵ F	
F ⟶ TvF		F ⟶ T	

5. 의미역 관계(Thematic Relations)

동사가 하위 범주화 할 때 자동사는 NP를 갖지 않지만 타동사는 한 개에서 최대 세 개까지 NP를 하위 범주화 소성으로 갖는다. 이때 이들 NP는 동사와 관련하여 여러 가지 의미역을 나타낸다. 구체적 예문을 통해 살펴보도록 한다.

(39) The baby slept.

(40) I found a key.

(41) I put my car in the garage.

(42) The boy broke a window with the red brick.

(43) I carried the red table from the room to the hall.

위의 예문 (39)에서 sleep은 자동사이므로 아무런 목적어 NP를 갖지 못하며 이때 주어 NP는 행위자(Agent)에 해당된다. (40)과 (41), (42)의 목적어 NP는 동사의 동작을 받는 대상역(Theme), 혹은 수동자 (Patient) 혹은 수용자(Recipient)라고 부른다. (42)의 전치사 with를 수반한 the red brick은 도구역(Instrument)에 해당되며 (41)의 in the garage는 처소역(Locative), 그리고 (43)의 주동사 뒤에는 근원역(Source)과 목표역(Goal)이 수반되고 있다. 이처럼 의미역은 명사에 의해 부여되는 격(case)에 영향을 받는다.

의미역은 동의성(synonymy)을 지닌 의역관계(paraphrase)의 두 문장에서는 동일하게 나타난다.

(44) John hit the dog with strap.

(45) The dog was hit with strap by John.

어떤 경우에는 의미역이 중의성을 나타내는 경우도 있다. 예를 들어 S 형태의 경우 NP는 적어도 세 가지 의미역을 나타낸다.

(46) Would you bring my friend's pictures to me?

(46)에서 NP인 my friend's pictures는 ⅰ) 나의 친구가 찍은 사진들(Agent), ⅱ) 나의 친구를 찍은 사진들(Theme), ⅲ) 나의 친구가 소유한 사진들(Possessive)등의 세 의미역을 표시할 수 있다.

6. 합성성의 원리(Compositionality)

문장의 의미는 문장을 구성하는 개별 단어의 의미와 그 의미를 결합해 가는 규칙에 의해서 정해진다. 문장을 구성하는 어휘가 동일하더라도 그 결합구조의 순서가 달라지면 그 의미는 전혀 다르게 될 수 있다. 이를테면 John killed the bear와 The bear killed John은 서로 그 의미가 전혀 반대되는 의미를 나타내게 된다. 한 문장의 의미가, 어휘가 지니는 자질들과 그들이 이루는 문법적 구조의 결합으로부터 결정되는 것을 합성성의 원리라고 한다. 그러나 합성성의 원리는 관용구적 의미(idiomatic meaning)를 포착하지 못하는 단점이 있다.